TRADUÇÃO
Claudia Dornbusch

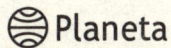

Rainer Maria Rilke: Briefe an einen jungen Dichter Mit den Briefen von Franz Xaver
Kappus Hg. und mit Kommentar und Nachwort von Erich Unglaub © Wallstein
Verlag, Göttingen 2021 Rights negotiated through Ute Körner Literary Agent
Copyright © Editora Planeta do Brasil, 2022
Copyright da tradução © Claudia Dornbusch
Todos os direitos reservados.
Título original: *Briefe an einen jungen Dichter*

Preparação: Petê Rissatti
Revisão: Bonie Santos e Diego Franco Gonçales
Projeto gráfico e diagramação: Daniel Justi
Capa: Eduardo Foresti | Foresti Design

Dados Internacionais de Catalogação na Publicação (CIP)
Angélica Ilacqua CRB-8/7057

Rilke, Rainer Maria
  Cartas a um jovem poeta / Rainer Maria Rilke, Franz
Xaver Kappus; tradução de Claudia Dornbusch. — São Paulo:
Planeta do Brasil, 2022.
  208 p.

  ISBN: 978-65-5535-792-9
  Título original: Briefe an einen jungen Dichter

  1. Rilke, Rainer Maria, 1875-1926 — Correspondência 2. Kappus
Franz Xaver, 1883-1966 — Correspondência 3. Literatura alemã
I. Título II. Kappus, Franz Xaver III. Dornbusch, Claudia

22-2870   CDD 831.912

Índice para catálogo sistemático:
1. Rilke, Rainer Maria, 1875-1926 — Correspondência

MISTO
Papel | Apoiando o manejo
florestal responsável
FSC® C005648

Ao escolher este livro, você está apoiando o
manejo responsável das florestas do mundo,
e outras fontes controladas

2025
Todos os direitos desta edição reservados à
EDITORA PLANETA DO BRASIL LTDA.
Rua Bela Cintra 986, 4º andar – Consolação
São Paulo – SP – 01415-002
www.planetadelivros.com.br
faleconosco@editoraplaneta.com.br

As coisas não são todas tão palpáveis e dizíveis como normalmente querem nos fazer crer; a maioria dos acontecimentos é indizível, acontece em um espaço que nunca foi visitado por uma palavra, e mais indizíveis que tudo são as obras de arte, essas existências misteriosas cuja vida é perene, ao lado da nossa, que é perecível.

NOTA DA TRADUTORA

CLAUDIA DORNBUSCH

Traduzir Rilke é, ao mesmo tempo, encantador e desafiador. E a responsabilidade de traduzir um texto tão conhecido, divulgado e canônico como *Cartas a um jovem poeta* transforma-se em empreitada de fôlego.

Não apenas por se tratar, muitas vezes, de um texto com passagens poéticas e neologismos, mas também pela tradução dos poemas de Franz Xaver Kappus – o interlocutor de Rilke –, processo no qual nem sempre respeitamos a métrica nem a rima do original, privilegiando a compreensão do texto. Sabemos que Rilke em várias ocasiões não avaliou de forma positiva os poemas de Kappus, muitas vezes esquivando-se de forma educada de uma resposta ao autor. Tais supostas deficiências também precisam transparecer no conteúdo dos poemas.

Outro desafio foi a tradução de termos toponímicos, localizações geográficas, diferentes nomes para paisagens rochosas, fortalezas, nomes de academias militares, patentes militares, abreviações e assemelhados. Nesse contexto, aparece muitas vezes o termo k. u. k. (*kaiserlich und königlich*), abreviação típica, associada ao Império Austro-Húngaro, que era tanto um Império (da Áustria) (*imperial* – "*kaiserlich*" –, *o primeiro "k"*) quanto um Reino (da Hungria) (*real* – *königlich* –, *o segundo "k"*). Como não se encantar também com as descrições presentes no texto de Kappus escrito para um suplemento literário de jornal, em que o leitor chega a sentir a temperatura do vento gelado que sopra nas montanhas e que cai repentinamente como uma cachoeira? Essas sensações precisam estar presentes na tradução.

Especialmente desafiadores são termos da estética e da literatura, como *Stimmungsbild* (na carta 5, de Kappus a Rilke), algo como a descrição atmosférica e imagética de uma sensação baseada em uma cena ou situação, e *Charakterstudie*, uma espécie de estudo de personagem, além de todos os verbos ou substantivos associados ao universo interior do ser humano, como *in sich gehen*, termo frequente ao longo das cartas, algo como "entrar em seu próprio interior", introspecção, que precisa ser transposto para uma construção verbal em português que não soe demasiado estranha a leigos; ou ainda neologismos como *wundertief* (na carta 10, de Kappus a Rilke), uma mescla de palavras, que incorpora tanto *wunder* (mistério/misterioso, milagre/milagroso, encanto/encantador), quanto *tief* (profundo, fundo), resultando em algo possível como *milagrofundo*.

Como há várias referências literárias, coube verificar se havia traduções consagradas das obras citadas; do contrário, buscamos traduzir os títulos para que o público leitor pudesse ter uma ideia do assunto da obra. O mesmo vale para as notas no final da troca de cartas, bem como para os rodapés do posfácio, nos quais a maioria dos títulos citados aparece no original, com tradução entre colchetes.

O maior objetivo, porém, foi conferir ao texto traduzido a maior fluidez possível, seguindo uma dicção que soasse autêntica em português. Foi um prazer traduzir esta obra fundamental.

Boa leitura!

13 INTRODUÇÃO
Franz Xaver Kappus

17 CARTAS A UM JOVEM POETA:
RILKE A KAPPUS, KAPPUS A RILKE

POEMAS DE FRANZ XAVER KAPPUS

137 *Há uma canção*
138 *No meu sangue*
139 *Aranka*
140 *A Leopardi*

141 SUPLEMENTO CULTURAL
Noite de Ano-Novo na fronteira,
de Franz Xaver Kappus

150 NOTAS

163 DEDICATÓRIA EM UM LIVRO
de Franz Xaver Kappus

165 POSFÁCIO
Trocar correspondências, de Erich Unglaub

202 NOTA DA EDIÇÃO ALEMÃ

203 SOBRE A TRANSITORIEDADE
de Sigmund Freud

INTRODUÇÃO

Franz Xaver Kappus

Foi no final do outono de 1902 – encontrava-me no Parque da Academia Militar no bairro de Wiener-Neustadt, debaixo de castanheiras centenárias, lendo um livro. Estava tão compenetrado na leitura que mal percebi que o único não oficial entre nossos professores, o erudito e bondoso padre da Academia, o padre Horaček, havia se sentado a meu lado. Tomou o livro de minhas mãos, observou a capa e balançou a cabeça. "Poemas de Rainer Maria Rilke?", perguntou, pensativo. Folheou o livro aqui e acolá, passou rapidamente por alguns versos, olhou ao longe, pensativo, e, por fim, meneou a cabeça assertivamente. "Então, o aluno René Rilke virou um poeta."

E fiquei sabendo do menino esquálido e pálido, que os pais havia mais de quinze anos tinham mandado para o colégio militar em Sankt-Pölten, para que depois se tornasse oficial. Naquela época, Horaček atuava lá como clérigo da instituição e ainda se lembrava muito bem do ex-aluno. Descreveu-o como um menino quieto, sério, altamente capaz, que gostava de se manter à parte e que aguentava pacientemente a opressão da vida no internato, sendo que, depois do quarto ano, junto com os outros, avançou para a escola militar do ensino médio, localizada em Weisskirchen, na Morávia. Lá, sua constituição física mostrou não ser resistente como deveria, razão pela qual seus pais o tiraram da instituição, fazendo com que continuasse estudando em casa, em Praga. Horaček não soube mais relatar como a vida dele havia se configurado dali em diante.

Depois de tudo isso, parece compreensível que, na mesma hora, eu tenha decidido enviar meus esboços poéticos a Rainer Maria Rilke, pedindo sua opinião. Com vinte anos incompletos e à beira do umbral de uma profissão que eu sentia oposta às minhas aptidões, esperava encontrar compreensão – se é que a encontraria em alguém – no autor do livro *Mir zur Feier* [*Para celebrar-me*]. E, sem que eu realmente quisesse, juntei a meus versos uma carta de encaminhamento em que me expunha sem freios, como nunca antes havia feito nem nunca faria depois a outra pessoa.

Muitas semanas se passaram até a resposta. A missiva selada com cera azul mostrava o selo postal de Paris, era pesada e apresentava no envelope os mesmos traços claros, bonitos e seguros em que o texto fora composto, da primeira à última linha. Assim começou a minha correspondência regular com Rainer Maria Rilke, que durou até 1908 e depois foi rareando aos poucos, pois a vida me desviava para áreas das quais a preocupação tocante, suave e quente do poeta quis me preservar.

Mas isso não é importante. Importantes são apenas as dez cartas que aqui seguem, importantes para conhecer o mundo em que Rainer Maria Rilke viveu e trabalhou, importantes também para muitos em processo de crescimento e desenvolvimento, de hoje e de amanhã. E quando um grande e único fala, os pequenos devem silenciar.

Berlim, junho de 1929
FRANZ XAVER KAPPUS

CARTAS A UM JOVEM POETA: RILKE A KAPPUS, KAPPUS A RILKE

1

FRANZ XAVER KAPPUS
A
RAINER MARIA RILKE

Wiener Neustadt, fim do outono de 1902

A primeira carta não foi preservada.

2

RAINER MARIA RILKE
A
FRANZ XAVER KAPPUS

Paris, 17 de fevereiro de 1903

Prezado Senhor,
    Sua carta chegou até mim apenas há alguns dias. Quero lhe agradecer pela grande e carinhosa confiança. Mal consigo. Não consigo me expressar sobre o tipo de seus versos, pois estou muito longe de toda e qualquer intenção crítica. Nada atinge uma obra-de-arte tão pouco quanto palavras críticas: isso acaba sempre em mal-entendidos mais ou menos felizes. As coisas não são todas tão palpáveis e dizíveis como normalmente querem nos fazer crer; a maioria dos acontecimentos é indizível, acontece em um espaço que nunca foi visitado por uma palavra, e mais indizíveis que tudo são as obras de arte, essas existências misteriosas cuja vida é perene, ao lado da nossa, que é perecível.
    Se lhe mando esta nota como preâmbulo, permita-me dizer apenas que os seus versos não têm uma veia própria, mas esboços silenciosos e ocultos de algo pessoal.

Sinto isso mais claramente no último poema, "Minha alma". Ali, algo próprio está buscando voz e jeito. E no belo poema "A Leopardi" talvez floresça uma espécie de parentesco com esse Grande, Solitário. Não obstante, os poemas ainda não existem por si sós, não são autônomos, mesmo o último e aquele dedicado a Leopardi não o são. Sua carta bondosa que acompanha os poemas cumpre a promessa de me explicar algumas falhas que senti ao ler os seus versos sem, no entanto, saber nomeá-las.

    O senhor me pergunta se os versos são bons. O senhor pergunta a mim. Antes de mim, perguntou a outros. O senhor os envia a revistas. Compara-os a outros poemas e se sente incomodado quando determinadas redações recusam seus esboços. Agora (uma vez que o senhor me permitiu aconselhá-lo), peço-lhe que desista de tudo isso. O senhor olha para fora e é justamente isso que o senhor não deveria fazer agora. Ninguém pode aconselhá-lo e ajudá-lo, ninguém. Há apenas um meio. Olhe para dentro de si mesmo. Explore a motivação profunda que o impele a escrever, verifique se no ponto mais profundo de seu coração ela estende suas raízes, confesse para si mesmo se o senhor morreria se o impedissem de escrever. E, principalmente, pergunte-se na hora mais silenciosa da noite: eu *preciso* escrever? Cave fundo em si mesmo em busca de uma resposta profunda. E se esta for de concordância quando o senhor responder com um forte e simples "*Eu preciso*" a essa séria pergunta, então construa a sua vida de acordo com essa necessidade; a sua vida, até a hora mais indiferente e mínima, precisa se tornar signo e testemunho dessa pulsão. Então, aproxime-se da natureza. Então, como se fosse o primeiro homem, tente dizer o que vê e vivencia e ama e perde. Não escreva poemas de amor; inicialmente, desvie daquelas formas usuais e comuns demais: elas são as mais difíceis, pois se faz necessária uma força enorme e amadurecida para entregar algo próprio, quando há uma quantidade grande de tradições, algumas delas brilhantes. Por isso, fuja dos temas gerais, refugie-se naqueles que seu cotidiano lhe oferece, descreva suas tristezas e seus anseios, os pensamentos fugidios e a fé em uma beleza qualquer – descreva isso tudo com sinceridade íntima, silenciosa e humilde e utilize as coisas ao seu redor para se expressar, as imagens presentes em seus sonhos e os objetos de sua memória. Caso seu cotidiano lhe pareça pobre, não o acuse; acuse a si mesmo, diga a si mesmo que não é poeta o suficiente para evocar as suas riquezas; pois para o criador não há pobreza nem lugar pobre irrelevante. E se o senhor estivesse em uma prisão cujas paredes não permitissem chegar aos seus sentidos nenhum ruído do mundo – o senhor não teria ainda sua infância, essa riqueza deliciosa digna de reis, essa casa que guarda o tesouro das lembranças? Volte sua atenção para elas. Tente reerguer as sensações soçobradas desse passado longínquo; sua personalidade sairá fortalecida, sua solidão se ampliará e se tornará moradia crepuscular, diante da qual o ruído dos outros passará ao longe. E, se a partir dessa virada para dentro, desse mergulho no próprio mundo, surgirem *versos*, o senhor não pensará em perguntar a alguém se são bons *versos*. O senhor também não tentará fazer com que as revistas se interessem por esses trabalhos, pois verá neles sua cara propriedade natural, uma parte e uma voz da sua vida. Uma obra de arte é boa quando surgiu a partir de uma necessidade. É nessa constituição de sua origem que se encontra a sentença: não há outra. Por isso, prezado senhor, não sei lhe dar outro conselho senão este: mergulhar em si e examinar as profundezas de onde brota sua vida; é em sua fonte que encontrará a resposta para a pergunta sobre se *deve* criar. Aceite-a tal como lhe soar, sem interpretar. Talvez se revele que o senhor foi predestinado a ser artista. Então, assuma esse destino e o carregue, com seu peso e sua grandeza, sem se preocupar com a recompensa que poderia vir de fora. Pois o criador precisa ser um mundo em si e encontrar tudo dentro de si e na natureza, à qual ele se uniu.

Mas, talvez, após essa descida para dentro de si e de sua solidão, o senhor abdique de ser poeta (basta, como mencionei, sentir que seria possível viver sem escrever para nem poder fazê-lo). Não obstante, essa introspecção que lhe pedi não terá sido em vão. A partir dela, sua vida com certeza encontrará caminhos próprios, e que sejam bons, ricos e amplos; é o que lhe desejo mais do que consigo expressar.

O que mais posso lhe dizer? Parece que tudo foi acentuado em sua devida forma de direito; finalmente, eu quis apenas aconselhá-lo a se embrenhar calma e seriamente pelos meandros do seu desenvolvimento; o senhor atrapalharia enormemente esse processo olhando para fora e esperando por respostas vindas de fora, respostas essas que apenas o seu sentimento mais íntimo em sua hora mais silenciosa talvez consiga lhe fornecer.

Foi uma alegria ver mencionado em sua carta o nome do professor Horaček; nutro uma grande admiração por esse erudito amável, bem como uma gratidão que perdura ao longo dos anos. Queira, por favor, comentar com ele sobre esse meu sentimento; é muita bondade dele ainda se lembrar de mim, e sei valorizar esse fato.

Nesta ocasião, devolvo-lhe os versos que teve a gentileza de confiar a mim. E agradeço-lhe novamente pela grandeza e cordialidade de sua confiança, da qual tentei me fazer um pouco mais digno através desta resposta sincera, dada no melhor do meu juízo, mais digno do que sou enquanto desconhecido.

Com toda humildade e empatia,

RAINER MARIA RILKE

3

FRANZ XAVER KAPPUS A RAINER MARIA RILKE

Wiener Neustadt, 24 de fevereiro de 1903

Vossa Excelência,
 Prezadíssimo Senhor!
 Torna-se difícil, para mim, dizer com que sensações li – e reli – sua carta bondosa, repleta da mais calorosa empatia. O senhor se ocupa comigo de um modo que dificilmente mereço e do qual é pouco provável que eu consiga me mostrar digno. Mas creio que posso lhe agradecer cada uma de suas palavras, cada um de seus conselhos. Quantas vezes, ao enviar a esta ou aquela estrela literária meus esboços poéticos, pensei em uma resposta ao meu pedido que tivesse algo daquela grandeza silenciosa da benevolência sincera cuja revelação mais bonita e bondosa só me foi dada através de suas linhas empáticas!
 Se eu não temesse incomodá-lo demais com meus escritos, gostaria de acrescentar algumas coisas às minhas informações anteriores. Talvez o senhor me perdoe a ideia de que não posso ficar totalmente calado diante daquele

que desencadeou as moções mais secretas de minha alma com palavras, não calando sobre o que me move em minhas horas mais temerosas, o que me enche de esperança alegre e novamente me derruba com força.

Quando tiver me recomposto totalmente, olharei para o fundo da minha alma e perguntarei a mim mesmo: preciso escrever? Mas, então, surgirão as ideias, que se perseguem umas às outras como andorinhas, das quais tenho medo. Muitas vezes tenho essas horas silenciosas, que vêm sem serem chamadas e sentem saudade do Sol, que está tão distante delas. E depois, após noites assim, me encontro cansado e sem esperança diante da última consequência de meu pensamento: Quem sou? De onde? Para onde? E depois surgem palavras, meio involuntárias, como salvações. Isso é necessidade?

Sim, me manterei fiel à sua palavra tão amigável, que valorizo e honro como as palavras de minha mãe. Não escreverei poemas de amor, nada que cruze meu caminho em termos de motivos tradicionais. Mas não sei se conseguirei ver as coisas como um primeiro homem. Temo ser pouco provável. Pois tenho em minha alma um hóspede maldito, que temo tanto quanto as horas escuras, essas dúvidas pendulares entre a loucura e a imaginação: a ironia. Implacável, ela varre os meus sonhos mais inocentes do espelho da minha alma, o seu pé pisoteia o que conquistei com grande esforço na minha fé no amor e na beleza. Na vida cotidiana, ela me domina, mas, em horas sagradas, assumo a luta contra ela e venço. Minha arte está livre dela. Da mesma forma, nunca o cotidiano poderá carregar a marca da minha arte. Uma arte pura, livre da poeira do cotidiano, é o que anseio. Suas palavras, prezadíssimo senhor, desbravaram para mim esse reino mágico pela primeira vez. Só por isso eu já deveria lhe ser eternamente grato. Além disso, Heine e Wedekind naturalmente também me atraem, pois no espelho côncavo de sua arte reconheço meus próprios traços, como poderiam ficar, mas não deveriam!

Mas estou cansando o senhor.

Talvez o senhor me permita que, no futuro, às vezes, quando os ruídos em volta de meus ouvidos forem demasiado fortes, eu lhe envie algumas palavras ou algumas canções e lhe peça algumas linhas, cuja serenidade plácida, como agora, apoiam e acalmam a minha alma durante semanas, de forma muito útil. Talvez eu tenha falado demais de mim, talvez a reflexão tenha me levado por caminhos errados. Por favor, seja condescendente comigo.

O professor Horaček leu com alegria sua carta tão benfazeja para mim. Ele ainda tem guardadas todas as cartas que Vossa Excelência lhe escreveu de Weisskirchen, na Morávia. Ele teve a bondade de, a meu pedido, me informar tudo de que se lembrava a seu respeito, prezadíssimo senhor. Para dizer a verdade, foi uma secreta satisfação saber que Vossa Excelência também sentira alguma vez o ceticismo e a inquietude pessimistas dos meus anos, pois com isso se abre para mim a perspectiva de talvez, após longas e certamente duras batalhas, poder também olhar de cima do cume da vida artística serena para o mundo e os homens.

Por fim, agradeço-lhe novamente de coração sua carta. Ainda a terei muitas e muitas vezes nas mãos, deixando-a agir sobre mim como uma oração silenciosa.

Talvez, no futuro, Vossa Excelência às vezes ainda se lembre do

Seu
Eternamente grato
FRANZ KAPPUS

4

RAINER MARIA RILKE
A
FRANZ XAVER KAPPUS

Viareggio, próximo a Pisa (Itália), 5 de abril de 1903

O senhor precisa me desculpar, caro e prezado senhor, por relembrar com gratidão a sua carta de 24 de fevereiro apenas hoje: todo esse tempo estive me sentindo mal, não propriamente doente, mas acometido por um abatimento assemelhado à *influenza*, que me deixou incapacitado para qualquer coisa. E, por fim, como a situação não melhorava, vim até este mar ao Sul, cujos efeitos benéficos já tinham me ajudado no passado. Mas ainda não estou bem, escrever me é penoso, então o senhor precisará considerar estas poucas linhas como se muitas fossem.

Evidentemente, o senhor precisa saber que a cada carta sempre me alegrará e que deverá ser indulgente diante da resposta que talvez muitas vezes o deixe de mãos vazias; pois, no fundo, e justamente nas coisas mais profundas e importantes, estamos irremediavelmente sós, e para que um possa aconselhar o outro ou até mesmo ajudá-lo, muita coisa precisa acontecer, muita coisa precisa dar certo, toda uma constelação de coisas precisa se instalar para que dê certo alguma vez.

Hoje ainda queria lhe dizer duas coisas. Ironia:

Não se deixe dominar por ela, especialmente em momentos sem criatividade. Em momentos criativos, tente fazer uso dela, como mais um recurso para abarcar a vida. Se usada em seu estado puro, ela também será pura, e não precisamos ter vergonha dela; e se o senhor sentir muita familiaridade com ela, se o senhor temer a crescente familiaridade, então se volte para objetos grandes e sérios, diante dos quais ela fica pequena e desamparada. Busque a profundidade das coisas: a ironia nunca descerá até lá – e se o senhor conduzir até a beira do que é Grande, teste ao mesmo tempo se esse tipo de concepção brota de uma necessidade de seu ser. Pois, sob a influência de coisas sérias, ela ou se afastará do senhor (se for algo ao acaso) ou então (desde que realmente pertença ao senhor por nascimento) ela se cristalizará e se transformará em uma ferramenta séria, encaixando-se na série dos recursos com os quais o senhor terá que continuar construindo a sua arte.

E a segunda coisa que queria lhe contar hoje é o seguinte:

De todos os meus livros, são alguns poucos aqueles que são indispensáveis, e dois até estão sempre em meio às minhas coisas, aonde quer que eu vá. Aqui também eles estão perto de mim: a Bíblia e os livros do grande autor dinamarquês Jens Peter Jacobsen. Pergunto-me se o senhor conhece suas obras. Poderá adquiri-las facilmente, pois uma parte foi publicada na coleção Biblioteca Universal da editora Reclam, em tradução muito boa. Adquira o pequeno volume *Seis novelas*, de J. P. Jacobsen, bem como o seu romance *Niels Lyhne* e comece com a primeira novela do pequeno volume, chamada "Mogens". Um mundo irá invadi-lo, a felicidade, a riqueza, a inconcebível grandeza de um mundo. Viva um tempo nesses livros, aprenda com eles aquilo que lhe pareça digno de ser aprendido, mas, sobretudo, ame-os. Esse amor se pagará milhares e milhares de vezes, e seja qual for o andamento da sua vida, tenho certeza de que ele atravessará a tessitura do seu devir como um dos fios mais importantes dentre todos os fios de suas experiências, decepções e alegrias.

Se tivesse que dizer com quem aprendi algo sobre a essência da criação, sobre sua profundidade e eternidade, seriam apenas dois nomes que poderia citar: o de *Jacobsen*, o grande, grande escritor, e o de *Auguste Rodin*, o escultor, a quem não há outro igual entre todos os artistas vivos.

E, ao senhor, todo o sucesso em sua jornada!

Seu
RAINER MARIA RILKE

5

FRANZ XAVER KAPPUS
A
RAINER MARIA RILKE

Timișoara, 15 de abril de 1903

Prezadíssimo Senhor!

    Sua carta bondosa foi minha maior alegria da Páscoa. Infelizmente, diante de suas muitas palavras simpáticas, posso apenas expressar minha calorosa gratidão, uma gratidão vinda da minha mais profunda alma.

    A notícia de que o senhor sofre fisicamente muito me entristeceu. Mas o ar morno das flores do Sul logo o restabelecerá, já que a Itália é a eterna benfeitora dos filhos doentes do Norte, que trazem no coração o anseio pelo Sol.

    Certamente levarei em conta o que teve a bondade de me dizer, prezadíssimo senhor, sobre a ironia e sua relação com a vida e a arte. É possível que ela não faça parte do meu Eu, remontando apenas ao endeusamento apressado e acrítico de Heine, a quem até há poucos anos dirigi minha reverência admirada. Mas desde que aprendi que a experiência vivida, especificamente a experiência mais pura e sagrada, pode se transformar em obra de arte, meu entusiasmo foi se arrefecendo, pois a alma de nenhum homem pode ser tão amarga e mortalmente triste, mesmo que o martírio de uma longa doença influencie sua criação. Por isso, talvez algo daquela concepção de mundo sinistra e obscura de Heine tenha se fixado à minha alma, tão impressionável naquela época.

O quanto é diferente de Heine a forma com que Jacobsen consegue dar forma poética aos seus sofrimentos! Devo-lhe a maior gratidão, prezadíssimo senhor, por ter me apresentado esse artista. Até agora, li o pequeno volume *Seis novelas* e as vivenciei. A inocência e a configuração psicológica de seus temas me obrigaram a admirá-lo. Creio que Jacobsen seja mais profundo em "Mogens" e mais impactante em "A peste em Bergamo". E depois, em segundo lugar, ele é pintor, talvez maior ainda que escritor. Como em nenhum outro artista, senti em sua obra que precisamos viver, pensar e sentir com seus personagens, e não apenas ter esperanças ou temer por elas. O prefácio estético-biográfico-crítico que abre *Niels Lyhne* me abriu os olhos em vários sentidos. A descrição atmosférica "Aqui deveria haver rosas", no entanto, teve em mim um efeito totalmente diferente da avaliação do autor daquele ensaio. Não vejo nada de maneirismo ali. O que talvez possa ser chamado assim causou em mim a sensação do que é simples, inocente, belo. Mas talvez essa diferença se deva à minha imaturidade.

O tanto que conheço de Jacobsen até hoje despertou em mim a consciência de que até o fim da minha vida ele permanecerá sendo um dos meus mais caros e valorosos companheiros. Ele toca as questões mais profundas, e a resposta ressoa em leves subtons, audível para poucos, compreensível para menos pessoas ainda. E talvez seja esse o motivo pelo qual se ouve seu nome com menos frequência que o dos grandes nomes passageiros que duram um dia.

Sei e espero que ele me explique a parte mais profunda e oculta do meu *self*. E por isso lhe sou grato mais uma vez, de todo coração, por ter me remetido a esse Grande, Silencioso.

Gostaria muito, prezadíssimo senhor, de lhe perguntar e pedir conselhos sobre tantas coisas, se não temesse cansá-lo. Temos, por exemplo, R. Dehmel, tido por muitos como o maior poeta alemão vivo e, por outros, como mero representante de um formalismo impactante-aperfeiçoado. Não consigo me familiarizar bem com seu jeito fervoroso de viver e de escrever. Por trás de cada palavra pode haver mil pensamentos – ou nenhum. Ao ler seus versos, consigo me embalar em ideias de eternidade, ou então apenas me deixar impactar pelo esplendor ruidoso de seus ritmos. Tudo fica claro para mim, menos o que o poeta queria. E a verdade – creio eu – é a primeira exigência feita a uma obra de arte, verdade mesmo quando o artista apenas sugere, esboça ou desencadeia pensamentos e sensações profundas viventes e quase inconscientes através da palavra certa. Talvez o senhor me faça a gentileza de me dizer o que acha de Dehmel.

E agora, ao final de minha carta, quero lhe pedir algo de forma muito cordial:

Quando o senhor for lançar para o mundo um livro novo, por favor, me mande logo o título e o nome da editora, para que eu possa comprá-lo imediatamente. Fico sabendo dos lançamentos apenas pelas diversas resenhas que muitas vezes aparecem vários meses após o lançamento. E como foi o senhor, com suas obras, quem primeiro me apontou o caminho em que consigo, talvez consiga, ou conseguirei compreender o mundo, a vida e a mim mesmo melhor, quero conhecer cada um de seus escritos.

Sei bem que tudo que quero lhe perguntar está configurado e respondido em seus livros da forma mais pura e bela – em seus livros já publicados e naqueles que ainda virão.

Por isso, tive a coragem de lhe pedir.

Se porventura hoje, prezadíssimo senhor, eu o tenha enfastiado demais, peço que perdoe o seu eternamente grato

FRANZ KAPPUS

a partir de 17/4 deste ano, Wr. Neustadt.

6

RAINER MARIA RILKE
A
FRANZ XAVER KAPPUS

Viareggio, próximo a Pisa (Itália), 23 de abril de 1903

O senhor me proporcionou muita alegria, caro e prezado senhor, com a sua carta pascoalina, pois ela dizia muitas coisas boas sobre si, e o modo com que falou da grande e querida arte de Jacobsen me mostrou que não me enganei quando conduzi sua vida com suas muitas perguntas para perto dessa abundância.

Agora se abrirá para o senhor *Niels Lyhne*, um livro de esplendores e de abismos; quanto mais se lê: parece estar tudo ali, desde o mais suave perfume da vida até o pleno e grande sabor de suas frutas mais pesadas. Não há nada ali que já não tenha sido compreendido, abarcado, experimentado e reconhecido na ressonância trêmula da memória; nenhuma vivência foi pouca demais, e o menor acontecimento se desdobra como um destino; e o próprio destino é como um tecido maravilhoso, amplo, em que cada fio é conduzido por uma mão infinitamente delicada e colocado ao lado de outro, sendo segurado e carregado por centenas de outros fios. O senhor experimentará a grande felicidade de ler esse livro pela primeira vez e passará por suas inúmeras surpresas como em um sonho novo. Mas posso lhe dizer que mais tarde sempre se passa por esses livros como o mesmo espantado, e que eles nada perdem daquele poder maravilhoso, nem abdicam do caráter de conto de fadas com que inundam o leitor à primeira leitura.

Sempre nos tornamos ainda mais fruidores a cada leitura, mais gratos e, de certa forma, melhores e mais simples no olhar, mais profundos na fé na vida, e na vida mais bem-aventurados e maiores.

Depois, o senhor precisa ler o livro maravilhoso sobre o destino e os anseios de *Marie Grubbe*, assim como as cartas e as folhas do diário e os fragmentos de Jacobsen e, por fim, seus versos, que (apesar de traduzidos apenas medianamente) vivem em infinita sonoridade. (Ademais, aconselharia ao senhor que ocasionalmente comprasse a bela edição das obras completas de Jacobsen – que contém tudo isso. Ela foi lançada em três volumes e bem traduzida pela editora Eugen Diederichs de Leipzig e custa, creio eu, apenas 5 ou 6 marcos por volume.)

Com sua opinião sobre "Aqui deveria haver rosas" (essa obra de sutileza e forma tão incomparáveis), evidentemente o senhor tem muita, muita razão, de forma irretocável, em relação àquele que escreveu o prefácio. E aqui logo lhe faço um pedido: se possível, leia poucas coisas estético-críticas – são opiniões partidárias, tornadas pétreas e sem sentido em seu endurecimento sem vida, ou então são hábeis jogos de palavras em que hoje essa opinião vence e amanhã vence a oposta. Obras de arte são de uma infinita solidão, e nada as torna tão pouco acessíveis quanto a crítica. Só o amor pode captá-las e sustentá-las e pode ser justo com elas. A cada vez, dê razão a *si próprio* e ao seu sentimento em relação a cada debate, discussão ou prefácio; mas se o senhor estiver errado, o crescimento natural de sua vida interior o levará lentamente e no devido tempo a outros conhecimentos. Deixe que seus julgamentos se desenvolvam de modo próprio, silencioso, sem interrupções, o que, como todo progresso, precisa vir de dentro, da profundidade, não podendo ser pressionado nem acelerado. *Tudo* é disputar e depois parir. Deixar que se complete cada impressão, cada semente de sentimento totalmente dentro de si, no escuro, no indizível, no inconsciente, no inalcançável pela própria consciência, e aguardar com muita humildade e paciência a hora do nascimento de uma nova clareza: apenas isso é o que significa viver artisticamente: tanto na compreensão quanto na criação.

Não há competição com o tempo, nenhum ano vale, e dez anos não são nada. Ser artista significa: não calcular nem contar; amadurecer como a árvore que não apressa suas seivas e tranquilamente permanece de pé nas tempestades da primavera, sem o medo de que depois não venha o verão. Ele virá. Mas ele apenas chegará até os que têm paciência, que ali estão como se a eternidade estivesse diante deles, tão despreocupadamente silenciosa e ampla. Aprendo isso diariamente, aprendo sob dores, às quais sou grato: *paciência* é tudo!

RICHARD DEHMEL – em relação aos seus livros (e, aliás, também à pessoa dele, que conheço superficialmente) é assim: quando encontrava uma de suas belas páginas, logo tinha medo da seguinte, que poderia destruir tudo de novo e transformar tudo que é encantador em algo indigno. O senhor o caracterizou bastante bem com a expressão: "jeito fervoroso de viver e de escrever". De fato, a vivência artística está tão incrivelmente próxima à sexual, com seu sofrimento e seu prazer, que ambas as manifestações, na verdade, são apenas formas diferentes de um mesmo anseio e de uma mesma bem-aventurança. E se em vez de fervor pudéssemos dizer sexo, sexo no sentido grandioso, amplo, puro, não no sentido suspeito por algum equívoco eclesiástico, sua arte seria muito grande e infinitamente importante. Sua força poética é grande e forte como uma pulsão primitiva, traz dentro de si ritmos próprios implacáveis e irrompe como se saísse de dentro de montanhas.

Mas parece que essa força nem sempre é totalmente sincera e desprovida de pose. (Mas é esta também uma das provas mais difíceis para o criador: ele precisa permanecer sempre inconsciente, néscio de suas melhores virtudes, se não quiser tirar delas a espontaneidade e a pureza!) E, então, quando ela chega ao sexual, passando em turbilhão pela sua essência, não encontrará um homem tão puro assim quanto precisava. Temos aí um mundo sexual ainda não maduro e puro, um mundo que não é suficientemente *humano*, que é apenas *masculino*, que é fervor, embriaguez e desassossego, e carregado de antigos preconceitos e de soberba com que o homem tem distorcido e carregado o amor. Porque ele ama *apenas* como homem, não como humano, e por isso em sua sensação de sexualidade há algo de estreito, aparentemente selvagem, maldoso, temporal, não eterno, que reduz sua arte e a torna ambígua e duvidosa. Ela *não* é desprovida de mácula, foi desenhada pelo tempo e pela paixão, e pouca coisa dali durará ou permanecerá. (Mas a maior parte da arte é assim!) Não obstante, podemos nos alegrar profundamente com o que há ali de grandioso, apenas não devemos nos perder lá e nos transformar em adeptos do mundo de Dehmel, que é tão infinitamente temeroso, cheio de traição no casamento e confusão e distante dos destinos reais, que causam mais sofrimentos do que esses problemas temporários, mas também mais oportunidades para se tornar grande e mais coragem para a eternidade.

E, finalmente, quanto aos meus livros, preferiria lhe enviar todos que possam alegrá-lo de alguma forma. Mas sou muito pobre, e meus livros, uma vez publicados, não me pertencem mais. Eu mesmo não posso comprá-los – e, como tantas vezes gostaria de fazer, dar àqueles que manifestassem algo de bom em relação a eles.

Por isso, escrevo num bilhete para o senhor os títulos (e as editoras) de meus livros que foram publicados recentemente (os mais recentes; ao todo, devo ter publicado uns 12 ou 13) e deixo a seu cargo, caro senhor, ocasionalmente encomendar alguns deles.

Gosto de saber que meus livros estão em suas mãos. Passe bem!

Seu
RAINER MARIA RILKE

7

FRANZ XAVER KAPPUS
A
RAINER MARIA RILKE

Wiener Neustadt, 2 de maio de 1903

Prezadíssimo Senhor!

O senhor me perdoe se volto a incomodá-lo com uma nova carta. Mas suas cartas me são tão preciosas, tão infinitamente queridas, que sempre ao recebê-las quero lhe agradecer por sua grandeza e simpatia, que mal mereço. E, além disso, me faz tão bem ser compreendido. É verdade que tenho bons pais e uma irmã que realmente me amam mais do que a si próprios, mas, em meio a eles, sou *duplamente* solitário. E é justamente isso que me dói. E às vezes me culpo por só poder ter pouco em comum com eles. Por isso, o senhor compreenderá por que me apego tanto às suas cartas, não me cansando de lê-las. São, para mim, como um Evangelho de um mundo muito distante e bem diferente do mundo das pessoas que estão e estiveram à minha volta. E ainda gostaria de lhe pedir o seguinte: seja complacente comigo quando eu falar de minha personalidade, talvez mais do que o necessário, bem como de meus pensamentos e sonhos, anseios e sensações. Gostamos de nos julgar mais interessantes do que realmente somos. É por saber que o senhor me sinalizaria apenas com uma sílaba se eu começasse a enfastiá-lo que lhe peço este favor.

Terminei de ler *Niels Lyhne*. Até então não conheci nenhum livro que tenha mexido tão profundamente comigo quanto esse. E o final, a partir do momento em que Gerda entra na vida de Niels, me fortaleceu e me levantou e me ensinou a ter fé na vida, naquela vida grande e bonita, apesar de suas profundas amarguras. E quando Lyhne morre... para mim, essa é a mais rica e maravilhosa parte da obra. Quando alguma vez uma grande dor se apoderar de mim, encontrarei nessas linhas o meu pastor. Assim que me for possível, comprarei a edição das obras completas de Jacobsen da editora Diederichs, que o senhor teve a bondade de me indicar.

Sou-lhe muito grato pelo que disse sobre Dehmel. O senhor me apontou o caminho para me aproximar desse poeta. Mas o senhor também – e isso para mim foi *muito, muito mais importante* – me mostrou como a vida sexual dos homens deve se comportar em relação à arte e ao artista. Com esse tema, prezadíssimo senhor, o senhor despertou em mim uma questão sobre a qual eu provavelmente nunca abriria a boca, apesar de queimar em minha alma como carvão em brasa. A vergonha convencional de observar essa questão da natureza como algo proscrito, bem como uma consciência não muito tranquila, teriam me selado os lábios. Mas agora sei que diante do senhor posso ser totalmente sincero.

O amor de natureza sexual é pecado? Diz-se que uma mulher é caída quando se torna mãe. Mas não é essa a sua vocação? Por outro lado, em que consiste o brilho sagrado e maravilhoso que repousa sobre a risca da virgem, um ser que ainda não produziu nada, ainda não preenche seu lugar? E muito mais complicado é o homem.

Para que serve um ímpeto físico se o homem sabe *o que está fazendo*? Para que – pergunto ainda – colocar em atividade todo o aparelho de prazeres físicos, se a ideia de formar, gerar, *ser criador* em si é tão imensuravelmente ampla e prazerosa que compensa todo e qualquer prazer físico? E o quanto é evidente o fato de que, nesse tipo de concepção, o meio se torna um fim em si, como acontece em 99 entre 100 casos! E, se assim for, quem é culpado? A vida que dessa forma é preservada e encontra reprodução terá então caráter de algo ao acaso, não essencial, não intencional. Talvez eu me expresse de forma mais clara dizendo: para ter o que é de direito, a natureza precisa apelar para instintos animais no homem.

Por isso, detesto o amor sexual, e há uma profunda cisão em mim quando a ele sucumbo. Por outro lado, entendo o aspecto antinatural e estéril que existe no chamado amor "platônico" e entendo também que ele não consegue satisfazer ninguém no longo prazo.

Por favor, não me condene, prezadíssimo senhor, quando acima me entreguei a reflexões que talvez sejam tão desinteressantes quanto ilógicas. Eu queria apenas trazer à luz uma das várias dúvidas que levam uma solitária existência especial em minha alma; se nesse processo algo se perdeu, isso provavelmente se deve à insuficiência de meus meios de expressão. Sei que no senhor encontro um juiz indulgente.

Também preciso lhe agradecer por ter tido a bondade de me dizer os seus livros mais recentes. Até então, não sabia nada do Livro das imagens *[Buch der Bilder]*. Encomendei-o e mal posso esperar o momento de recebê-lo. Pelo que sabe de mim, o senhor entenderá por quê.

Veja, prezadíssimo senhor: esses são os pontos de luz em minha vida: esperar e fruir o que resultará de minha carta. E viver com esses sons e tons é minha oração.

Certamente, prezadíssimo senhor, se recordará como é difícil concentrar-me e depois não me perder, considerando as circunstâncias que me cercam. Em agosto deste ano deverei tornar-me tenente. Vejo-me impelido a sorrir espontaneamente quando penso em que relação minha vida, toda voltada para o anímico e sensível, tem com as concepções que costumam ser atribuídas a essa posição profissional. Mas como preciso exercer uma profissão que me alimente e, além disso, minha próxima guarnição será Viena, não estou totalmente insatisfeito. Quem me conhece espera uma carreira militar brilhante, o que nunca foi minha intenção.

Mas por que estou lhe contando tudo isso?

Certamente apenas porque o senhor me concede tantas coisas boas e por isso eu não consigo evitar confiar justamente ao senhor aquilo que até então tive que enterrar bem fundo em mim e não podia dizer a ninguém. E estou mais afastado justamente daqueles que me são mais próximos. Em todo e qualquer sentido, eles querem o meu bem, mas nenhum deles suspeita de como o meu melhor e mais íntimo "Eu" fica com isso. E mesmo o amor materno não consegue construir pontes para esse país da minha essência.

Há algum tempo, amo Paul Verlaine, isto é, desde que conheci a mais recente pequena antologia de suas melhores traduções, publicada por Schuster e Löffler (editada por Stephan [sic!] Zweig). Ele também, por vezes, encontra tons que lembram meu *self*. Mas algo me traz uma sensação curiosa: seja balbuciando palavras infantis puras e inocentes ou forjando a paixão mais perversa em sonetos macios – em ambos os casos, tenho que admirá-lo, e admirá-lo porque trata com pureza silenciosa mesmo o sentimento mais abjeto, impuro e antinatural de uma forma tão inocentemente doce, tão sonhadora, como se se tratasse de uma criança de mãos postas em oração diante da imagem da Mãe de Deus que reza o seu pai-nosso. Isso tudo é dito de uma forma tão óbvia que em nenhum momento duvido da grandeza desse poeta, grandeza abençoada por Deus, mas que, não obstante, traz em si o carimbo da evidente *décadence* da alma.

Mas escrevi o suficiente em termos de coisas variadas misturadas aleatoriamente.

E também, se fui excessivamente prolixo, por favor, atribua o fato à minha solidão anímica e à minha necessidade de comunicação.

Seu
Eternamente grato
FRANZ KAPPUS

8

FRANZ XAVER KAPPUS A RAINER MARIA RILKE

Wiener Neustadt, 2 de julho de 1903

Prezadíssimo Senhor!

Volto a lhe escrever hoje, pois temo que o senhor esteja doente de novo ou não tenha recebido minha última carta. Por favor, não me responda se lhe causar dor; quero apenas que saiba que recebi a sua carta de 23/4 com gratidão. E se de fato estiver doente, me desculpe se apareço com esta carta, que manterei bastante curta.

A ideia de que o senhor, justamente o senhor, com sua incomparável bondade e doçura, tenha que sofrer me ocupa muitas vezes, acompanho calorosamente o seu estado, com o calor que uma criança, sabedora de sua pequenez, sente em relação ao seu benfeitor, pois bem sei o que lhe devo.

Nos últimos tempos, conheci os poemas de Jacobsen, *Marie Grubbe* e o seu maravilhoso *Livro das imagens*. É tão difícil falar a um poeta sobre a sua obra, pois é difícil evitar certos lugares-comuns que nos pareçam banais ou cotidianos demais nos momentos em que o coração fala uma língua para a qual as mais sagradas de nossas palavras são profanas demais. Seu livro, prezadíssimo senhor, será como uma Bíblia para mim, como um legado bom e familiar, contra o qual mesmo as experiências mais tristes e amargas nada podem, e que acompanhará minha vida como um gênio. E se nunca serei um insatisfeito ou reclamão, devo-o ao senhor, que me deu reinos de beleza com força abundante.

Depois de *Niels Lyhne*, devo dizer que *Marie Grubbe* quase me decepcionou. É verdade que aqui também vivem e tecem o poderoso conhecimento da alma e a plasticidade do olhar, é verdade que aqui também a palavra ressoante com seus milhares de cores e nuances brilha e cintila – eu reconheceria Jacobsen em meio a milhares –, mas Marie Grubbe é um ser doente que caminha montanha abaixo, e Niels Lyhne, apesar de sua obscura esterilidade, é um artista, *um herói.*

Certamente, a feminilidade que desperta inconscientemente em M. Grubbe é narrada com uma verdade profunda, segura e bela, e acredito que a literatura não seja um contraponto nesse sentido. Mas me alegro com o livro, ele me diz tanto e coisas puras e boas; o eterno e maravilhoso Mistério do Amor, que muitas vezes me assola como um selvagem "querer sair de dentro de si", está ali configurado de forma incomparável. E por isso devo amá-lo.

E, por fim, os versos de Jacobsen: para mim, foram um comentário de sua vida, como uma última sanção seladora de suas obras. No mais belo dos sentidos, elas são uma vivência artística.

E ainda conheci outro grande, Herman Heijermans, cujo livro publicado pela editora Vienense, *Uma travessura judaica [Ein Judenstreich]*, me proporcionou horas de prazer imaculadas.

Mas não quero abusar demasiado de sua consideração, prezadíssimo senhor. Fico feliz por saber que o senhor sabe que sua bondade não foi desperdiçada com um ingrato.

Por favor, preserve sua boa vontade para com

Seu
Sempre grato
FRANZ KAPPUS

Até incl. 2/8 Wr. Neustadt
6/8 Cortina d'Ampezzo
8/8 Niederdorf na região do Vale Puster [Pustertal]
Dia 9/8 Landro
Dia 10/8 Sexten
Até incl. 13/8 Ferleiten próximo a Bruck-Fusch
Até incl. 18/8 Wr. Neustadt
Depois, Timişoara

9

RAINER MARIA RILKE
A
FRANZ XAVER KAPPUS

Atualmente em Worpswede, próximo a Bremen, 16 de julho de 1903

Há cerca de dez dias deixei Paris, bastante doente e cansado, e viajei até uma grande planície no Norte, cuja vastidão e silêncio e céu deverão restabelecer minha saúde. Mas viajei em meio a uma longa chuva, que só hoje parece querer parar por sobre a paisagem com ventos revoltosos; e aproveito este primeiro momento de claridade para saudá-lo, caro senhor.

Mui caro senhor Kappus: deixei uma carta sua sem resposta por muito tempo, não que a tenha esquecido – pelo contrário: era o tipo de carta que se relê quando é encontrada em meio a outras cartas, e reconheci o senhor ali como se fosse a curta distância. Era a carta de 2 de maio, e certamente o senhor se lembra dela. Quando a leio, como agora, no grande silêncio dessas paragens longínquas, me emociona sua bela preocupação com a vida, mais ainda do que senti em Paris, em que tudo ressoa e arrefece devido ao ruído mais que excessivo que faz as coisas tremerem.

Aqui, onde estou cercado por uma terra vasta, sobre a qual passam os ventos vindos dos mares, aqui sinto que aquelas perguntas e aqueles sentimentos que têm vida própria em suas profundidades ninguém poderá lhe responder; pois até os melhores se enganam com as palavras quando precisam significar o mais silencioso e quase indizível. Mas acredito que, não obstante, o senhor não precise ficar sem resposta caso se atenha a coisas semelhantes àquelas diante das quais meus olhos agora descansam. Se o senhor se ativer à natureza, ao que nela é simples, ao que é pequeno, quase imperceptível para a maioria, e que tão inesperadamente pode se tornar grande e imensurável; se o senhor tiver esse amor pelo que é reduzido e, muito humildemente, como um servo, buscar a confiança daquilo que parece pobre, então tudo será mais fácil para o senhor, mais uniforme e de certa forma mais conciliador, talvez não na razão, que fica para trás, espantada, mas em sua mais íntima consciência, no seu estar-desperto e em seu conhecimento. O senhor é tão jovem, está tão no início de todo o começo e quero lhe pedir, da melhor forma que consigo, caro senhor, que tenha paciência diante de todo o não resolvido em seu coração e que tente acarinhar *as próprias perguntas* como quartos fechados e como livros escritos em uma língua muito diferente. Não pesquise agora em busca de respostas que não lhe podem ser dadas, porque não poderia vivê-las. E trata-se de viver tudo. *Viva* as suas questões agora. Talvez algum dia, sem perceber, o senhor estará aos poucos vivendo dentro da resposta. Talvez o senhor já traga dentro de si a possibilidade de configurar e de formar, como uma espécie especialmente bem-aventurada e pura de vida; eduque-se para isso, mas aceite em grande confiança aquilo que vier, e mesmo que venha por sua vontade, por alguma necessidade de seu interior, acolha e não odeie nada. O sexo é difícil, sim. Mas é difícil o que nos é dado como tarefa, quase tudo que é sério é difícil; e tudo é sério. Se o senhor ao menos reconhecer isso e conseguir alcançar uma relação muito própria (*não* influenciada por convenções ou *moral*) com o sexo a partir de *sua* constituição e do *seu* jeito, a partir de *sua* experiência e infância e força, o senhor não precisará mais temer se perder e se tornar indigno de sua melhor propriedade.

O prazer físico é uma vivência sensorial, que não é diferente do mero olhar ou da sensação pura com que uma bela fruta preenche a língua; é uma experiência grande e infinita que nos é dada, um conhecimento do mundo, a abundância e o brilho de todo o conhecimento. Não é o fato de o recebermos que é ruim; o que é ruim é que quase todos fazem mau uso dessa experiência e a desperdiçam e a colocam como estímulo em pontos cansados de suas vidas e como distração, em vez de ser uma coletânea para se chegar a pontos culminantes. As pessoas também transformaram a comida em algo diferente: necessidade de um lado, excesso do outro, obscureceram a clareza dessa necessidade, e igualmente turvas se tornaram todas as necessidades profundas e simples em que a vida se renova. Mas o indivíduo pode esclarecê-las para si e viver de forma clara (e se não for o indivíduo, que é dependente demais, que seja o solitário). Ele consegue se lembrar de que toda a beleza nos animais e nas plantas é uma forma silenciosa e duradoura de amor, e pode ver o animal, assim como pode ver a planta, paciente e se unindo voluntariamente e se reproduzindo e crescendo, não por prazer físico, não por sofrimento físico, dobrando-se a necessidades maiores que prazer e dor e mais poderosas que vontade e resistência. Ah, se o homem recebesse com mais humildade e carregasse, suportasse e sentisse com mais seriedade o quanto isso é terrivelmente difícil, esse mistério do qual o mundo está repleto até suas menores coisas, em vez de abordá-lo de forma leviana. Se fosse mais respeitoso em relação a sua fertilidade, que é apenas *uma*, quer lhe pareça espiritual ou física, pois a criação espiritual também se origina da física, forma uma só essência com ela, sendo apenas como uma repetição mais sutil, encantada e eterna do prazer físico. "A ideia de ser criador, gerar, formar" não é nada sem sua contínua e grande confirmação e concretização no mundo, não é nada sem o consentimento em milhares de variantes a partir de coisas e animais, e a sua fruição só é tão indescritivelmente bela e rica porque é repleta de lembranças herdadas a partir da geração e do nascimento de milhões. Em uma ideia de criação se reavivam mil noites de amor esquecidas, preenchendo-a de majestade e grandeza. E os que se encontram e se enredam em prazer balouçante realizam um trabalho sério e acumulam dulçores, profundidade e força para a canção de qualquer poeta vindouro, que se levantará para dizer gozos indizíveis. E invocam o futuro; mesmo errando e se abraçando cegamente, o futuro acaba chegando, um novo homem se levanta e, com base no acaso que aqui parece consumado, desperta a lei com que um sêmen forte e resistente atravessa até o óvulo, que se abre para ele. Não se deixe enganar pelas superfícies; é nas profundezas que tudo se torna lei. E aqueles que vivem o mistério de forma errada e ruim (e são muitos) o perdem apenas para si mesmos e, apesar disso, o passam adiante como uma carta fechada, sem sabê-lo. E não enlouqueça com a multiplicidade dos nomes nem com o caráter complicado dos casos. Talvez por cima de tudo haja uma grande maternidade, como anseio comum a todos. A beleza da virgem, um ser "que (como o senhor disse tão belamente) ainda não produziu nada", é a maternidade que se supõe e se prepara, teme e anseia. E a beleza da mãe é a maternidade servil, e na anciã há uma grande lembrança. Também no homem há maternidade, ao que me parece, ela é física e espiritual; sua concepção também é uma espécie de dar à luz e dar à luz é quando ele trabalha a partir de uma profusão muito íntima. E talvez os gêneros sejam mais aparentados do que supomos, e a grande renovação do mundo talvez consista no fato de que meninos e meninas, libertos de todas as sensações errôneas e de desprazeres, não mais se procurarão como opostos, mas como irmãos e vizinhos, e se reunirão enquanto *seres humanos* para carregar juntos, de forma simples, séria e paciente o sexo pesado que lhes é imposto.

Mas tudo que algum dia talvez seja possível para todos pode ser preparado e construído desde já pelo solitário com suas mãos, que se enganam menos. Por isso, caro senhor, ame sua solidão e carregue a dor que ela lhe causa com lamento de bela sonoridade. Pois os que lhe são próximos estão distantes, como disse o senhor, e isso mostra que está começando a se alargar o espaço à sua volta. E caso sua proximidade esteja distante, então sua vastidão já estará em meio às estrelas e será muito grande; alegre-se com seu crescimento, processo no qual não poderá levar ninguém consigo, e seja bom com aqueles que ficam para trás, e seja seguro e calmo diante deles e não se martirize com suas dúvidas e não se assuste com sua confiança ou alegria que eles não conseguiriam entender. Busque alguma comunhão simples e fiel com elas, que não necessariamente precisará mudar se o senhor mesmo ficar cada vez mais diferente; ame a vida nelas em uma forma nova e tenha consideração com as pessoas que estão envelhecendo, que temem a solidão com que o senhor está familiarizado. Evite acrescentar lenha àquele drama sempre tenso entre pais e filhos; isso gasta muita energia dos filhos e desgasta o amor dos velhos, que é eficaz e aquece, mesmo quando não entende. Não exija conselhos deles e não conte com compreensão, mas acredite em um amor que está guardado para o senhor como uma herança e confie que nesse amor existe uma força e uma bênção de onde o senhor não precisa sair para chegar bem longe!

É bom que o senhor inicialmente desemboque em uma profissão que o torne autônomo e o coloque totalmente dependente de si mesmo, em todos os sentidos. Aguarde pacientemente para ver se a sua vida mais íntima se sente limitada pela forma dessa profissão. Eu a considero muito difícil e exigente, uma vez que vem carregada de grandes convenções, quase não concedendo espaço para uma concepção pessoal de suas tarefas. Mas sua solidão também lhe será esteio e pátria em meio a condições muito diferentes, e é a partir dela que o senhor encontrará todos os seus caminhos. Todos os meus desejos estão prontos para acompanhá-lo e a minha confiança está consigo.

Seu
RAINER MARIA RILKE

10 FRANZ XAVER KAPPUS A RAINER MARIA RILKE

Timişoara, Josefstadt
Seguro-saúde distrital. Hungria.
29 de agosto de 1903

Prezadíssimo Senhor!

Com a sua carta de 16/7, tive que me recolher à minha solidão. Pois naquele momento havia tanto barulho à minha volta que mal consegui achar um lugar que fosse sagrado e silencioso o suficiente para suas palavras. Então, o que recebi foi tão belo e grande que precisei de semanas para florescer inteiramente nos mistérios "milagrofundos"[1] que o senhor me confiou, e me confiou com a grandeza modesta do Evangelho e com a riqueza de reis nascidos de contos de fadas. E se apenas hoje venho lhe agradecer por todos esses tesouros, a culpa é novamente dos muitos ruídos dos quais estavam repletos os dias do meu passado recente. E se me aproximo do senhor com palavras, que elas cresçam a partir de meu silêncio mais oculto e que

---

1 Neologismo do alemão *wundertief*. Cf. Nota da tradutora. (N. E.)

sejam dignas de todos os presentes que suas cartas me trazem. Por isso, só hoje me dirijo ao senhor novamente, prezadíssimo senhor.

Primeiro, gostaria de lhe agradecer pelo *Auguste Rodin*. Nesse livro, encontrei uma infinidade de coisas e nele aprendi uma infinidade de coisas. É como se o senhor o tivesse escrito apenas para mim, para me apontar os caminhos que levam ao país da arte. Quando o senhor falava dos Burgueses de Calais, acreditava estar ouvindo sua voz, e a sua descrição de Balzac é como um olhar ilimitado para dentro das profundezas ocultas, onde silenciosa e nobremente amadurece uma obra de arte. E foi então que me veio a ideia. O quanto seria maravilhosamente bom estarmos informados sobre tudo o que a Antiguidade e a Cristandade produziram em termos de artes plásticas, e sobre tudo de perene que Michelangelo e Dürer produziram, como seria bom ouvirmos algo semelhante no lugar das apresentações rasas que nos são oferecidas na maioria das histórias da arte.

Talvez, prezadíssimo senhor, o senhor possa me citar um livro que almeje se aproximar das grandes obras do passado, de forma semelhante à que o senhor construiu tão maravilhosamente bem *Auguste Rodin*. Eu ainda espero tanto de todos esses grandes mestres, mortos há séculos, pois busco incessantemente por mim mesmo. E nisso, já me decepcionei amargamente tantas vezes, não por serem aquelas obras pobres demais para me dar muito, mas por serem grandes e eternas demais, majestosas e ilimitadas demais para vê-las com olhos infantis, totalmente novos. E ainda sei pouco, e esse pouco vem de livros que são tão estranhos e frios como tabelas de logaritmos de sete dígitos.

Mas agora quanto à sua carta, prezadíssimo senhor. Não tenho muito mais a dizer do que já mencionei no início. Ela está tão cheia de conhecimento eterno e de pura observação e compreensão que ficamos em total silêncio e humildes como alguém que ora. E muito se esclarece. Agora sei também o que significa ter paciência, essa paciência me ensinou o silêncio ao qual pertencem as minhas mais belas horas e que é meu confidente. E sei também que o bem mais rico dos homens não é a razão, mas aquilo que nela se prepara inconsciente e silenciosamente e que algum dia aparece na superfície da alma. Isso sempre é grande e não conhece concessões. E devo isso tudo ao senhor. Antes, nunca havia conhecido esses momentos de concentração da alma, em que toda uma era humana parece estar comprimida, e de onde precisa surgir algo mais eterno e grandioso que aquilo que preenche o dia, pois a vida de milênios está neles, com toda a sua força e grandeza.

Também o sexo ficou mais claro para mim. A ponte da natureza até o homem, que, na verdade, também é parte da natureza, dissolve muitas dúvidas, e a grande frase de Rousseau me parece mais compreensível hoje do que nunca. É bem verdade que é necessária uma autoeducação no limite da ascese para consertar o que gerações anteriores cometeram em pecado e que em parte já circula nos nossos próprios hábitos de vida. Mas, uma vez trilhado o caminho, sentimo-nos crescendo e nos tornando mais livres, e tudo aquilo que antes ainda era parte do próprio *self* fica bruscamente para trás, tornando-se pequeno e feio. Foi assim que vivenciei em mim. E, por favor, não se irrite com o fato de eu contar a história como uma criança, a história de como a alma toma consciência de si e quer se tornar maior. Mas preciso falar sobre isso com alguém, e com quem mais seria senão aquele a quem devo meus melhores ganhos?

E o que o senhor diz no fim de sua missiva ficou gravado profundamente em minha alma. São as palavras douradas com que o senhor me diz como devo me comportar diante daqueles que me chamaram do mundo do inascituro para a luz ofuscante do dia, e a quem só posso dar pouco pelo seu grande amor. É terrivelmente triste ser um estranho para aqueles que lhe são próximos e tornar-se mais estranho a cada dia. Mas a "comunhão silenciosa" com eles, da qual o senhor fala, pode restabelecer tudo, pois ela é como uma confiança, nem um pouco diferente daquela da criança.

E agora mais uma coisa, prezadíssimo senhor. Envio-lhe um livro do qual em parte sou autor. E com esse livro, novamente um pedido, tal como sempre só me dirijo ao senhor como pedinte. Talvez o senhor ocasionalmente o tome nas mãos e olhe por cima as coisas que contém. E quero lhe dizer logo por que o mandei, uma vez que o senhor não tem qualquer interesse pelo tema e pelo meio: para mim, é como um ato de confiança e de agradecimento por deixá-lo saber de coisas das quais, na verdade, me envergonho e que me parecem como uma culpa. O senhor entenderá. Já pelo humor. Ele não me é inato, no máximo a ironia, da qual já lhe falei uma vez. E, ademais, o todo não nasceu de dentro do meu mais íntimo, o que, de resto, dificilmente é possível em casos assim. Mas – e este "mas" é a principal razão de eu lhe enviar o livro – há, sim, uma gota de sangue do coração ali, e uma vez que o senhor, prezadíssimo senhor, *é o único* que ouvirá as vibrações desse meio-tom trágico, o meu senso de gratidão novamente me levou ao senhor. O todo surgiu a partir de um sorriso irônico, de uma grande insatisfação, e provavelmente nenhum dos leitores suspeitará que a situação é muito mais séria do que parece e que há verdadeiros sarcasmos no livro. Mas ele não nasceu por necessidade, e é isso que eu sinto como uma culpa. Deve ter sido também uma libertação, mas não uma libertação anímica, pois as circunstâncias externas forneceram a pólvora. E agora chego ao meu pedido: o senhor acredita, prezadíssimo senhor, que a melhor parte do meu desenvolvimento sofre com esse tipo ocasional de atividade? E o senhor considera esse gênero como mera leitura de ficção? Meus trabalhos certamente não são saudáveis, e há um profundo abismo entre eles e os do meu amigo.

Agora, prezadíssimo senhor, não quero importuná-lo por mais tempo.

Desde que fiquei sabendo, muito através do senhor, do perigo e das condições da criação artística, pratiquei pouco, mas esse pouco – evidentemente, lírica – surgiu totalmente de dentro da necessidade da minha solidão e do meu silêncio. Assim, creio que seja bom. Talvez se transforme em livro que buscará um editor por muito tempo. Talvez o senhor me permita que ocasionalmente lhe envie alguns versos, não para que o senhor me diga se são bons, mas para que o senhor veja se meu crescimento é frutífero, ou se devo trilhar o caminho que é só meu.

Prezadíssimo senhor, aceite meus mais sinceros desejos de restabelecimento de sua saúde.

E, por favor, não me esqueça, pois preciso de sua benevolente grandeza e bondade!

Em imutável gratidão
Seu sincero
FRANZ KAPPUS

11

RAINER MARIA RILKE
A
FRANZ XAVER KAPPUS

Roma, 29 de outubro de 1903

Caro e prezado Senhor,

Recebi sua carta de 29 de agosto em Florença e agora – só após dois meses – conto-lhe a respeito. Desculpe--me apenas esse lapso, mas não gosto de escrever cartas quando em viagem, pois para escrevê-las preciso de mais que apenas o material necessário: um pouco de silêncio e solidão e um horário que não seja muito diferente.

Chegamos a Roma há cerca de seis semanas, numa época em que era ainda a Roma vazia, quente e febril, e essa circunstância contribuiu para que, junto com dificuldades práticas para nos instalarmos, a agitação à nossa volta não tivesse fim e a terra estrangeira com o peso do desterro estivesse sobre nós. Acrescente-se ainda que Roma (quando não se conhece a cidade) nos primeiros dias parece opressivamente triste: pelo clima tristonho e sem vida de museu que exala, pela quantidade de passados descobertos e sofregamente mantidos (dos quais se nutre um presente pequeno), pela inominada supervalorização de todas essas coisas desfiguradas e estragadas, com o apoio de sábios e filólogos e imitada pelos viajantes de praxe à Itália, objetos que no fundo nada mais são que restos ocasionais de um outro tempo e de uma vida que não é nem deverá ser a nossa. Por fim, após semanas de defesa diária, encontramo-nos centrados de novo, mas ainda um pouco confusos, e dizemos a nós mesmos: não, aqui não há *mais* beleza do que em outro lugar qualquer, e todos esses objetos, admirados continuamente por seguidas gerações, e que foram sendo melhorados e complementados por mãos artesanais, não significam nada, não são nada e não têm coração nem valor; mas há muita beleza aqui, porque há muita beleza em todo lugar. Águas infinitamente plenas de vida passam sobre os velhos aquedutos em direção à grande cidade e dançam nas muitas praças sobre tinas brancas de pedra, espalhando-se em amplas e espaçosas bacias, e fluem ruidosas de dia, elevando o seu fluir ruidoso à noite, que aqui é grande e estrelada e amaciada pelos ventos. E há jardins aqui, alamedas inesquecíveis e escadas, escadas concebidas por Michelangelo, escadas construídas com base no modelo de águas deslizando para baixo, largas na queda, um degrau gerando o próximo, como uma onda gerando a outra. Com impressões desse tipo nos concentramos, voltamos a nós, diante daquele muito que fala e faz mexericos (e como tem assunto!), aprendendo aos poucos a reconhecer as pouquíssimas coisas em que perdura o eterno, que se pode amar, e o solitário, do qual se pode participar, silente.

Ainda estou na cidade, morando no Capitólio, não muito longe da mais bela imagem de um cavaleiro preservada da arte romana, a de Marco Aurélio, mas, em algumas semanas, me mudarei para um quarto silencioso e simples, um antigo terraço suspenso, perdido no fundo de um grande parque, escondido da cidade, de seu ruído e acaso. Irei morar lá durante todo o inverno e me alegrar com o grande silêncio, do qual espero o presente de boas e produtivas horas...

De lá, onde estarei domiciliado o maior tempo, irei lhe escrever uma carta mais longa, em que também falarei de sua missiva. Hoje preciso apenas lhe dizer (e talvez seja injusto eu não o ter feito antes) que o livro anunciado em sua carta (que deveria conter trabalhos seus) não chegou. Será que voltou para o senhor, talvez de Worpswede? (Porque não se podem mandar de volta pacotes enviados ao exterior.) Essa possibilidade seria a mais vantajosa, que gostaria de ver confirmada. Espero que não se trate de uma perda – o que, com os correios italianos, não costuma ser exceção, infelizmente.

Eu teria gostado de receber também esse livro (como tudo que traz um sinal seu); e sempre lerei (se o senhor confiá-los a mim) versos que tenham surgido nesse período, e os lerei e reviverei de novo da melhor e mais cordial maneira que me for possível. Com os melhores desejos e saudações,

Seu
RAINER MARIA RILKE

12

FRANZ XAVER KAPPUS
A
RAINER MARIA RILKE

Pozsony, Donaugasse 38. Hungria.
28 de novembro de 1903

Prezadíssimo Senhor!

   Fiquei muito feliz quando recebi sua carta de Roma há cerca de quatro semanas, que me foi reencaminhada para Viena. Ela lembrou-me de que ainda há beleza e paz no mundo; e eu precisava disso naquele momento. Agradeço-lhe, prezadíssimo senhor, por suas queridas linhas, que além de seus livros são os únicos momentos de calmaria em minha vida. E, por favor, continue sendo tão bom comigo, eu, que não mereço sua empatia, mas sei apreciá-la e reconheço dia após dia como sua amizade altruísta e sua benevolência inominável em relação a mim são um fato isolado no mundo.

   Minhas condições externas me deram tanto trabalho nos últimos meses que mal pude descansar e hoje também sofro com essas circunstâncias. Eu mal tinha me acostumado em Viena com os variados hábitos de vida, condicionados muitas vezes por tradições e convenções insuportáveis, quando então veio a minha transferência para cá, para o batalhão destacado do Regimento. Aqui, novos compromissos de ordem social e profissional, e renovadas e ainda mais inacreditáveis mesquinharias, resquícios de uma cultura e uma disciplina ainda vivas, mas conservadoras. Se a profissão que devo exercer me tornou totalmente autônomo, essa também foi a única vantagem que conquistei através dela. Todo o restante, começando pelas modalidades de serviço até a posição social do corpo de oficiais com os conceitos muitas vezes ridículos de honra, fama, modos etc., aprendi a desdenhar tudo isso tão profundamente que hoje me é impossível dar um conteúdo mais elevado aos meus respectivos compromissos do que era meu plano inicial. Por enquanto, as condições pelo visto me obrigam a manter o que mal conquistei, mas, com o tempo, talvez venha uma mudança, e poderei me tornar mais livre diante de mim e das pessoas. Faz tão bem a mim, prezadíssimo senhor, poder ser tão sincero diante do senhor – apenas como ser humano –, conseguir e poder falar abertamente, sem temer que, com a mais insignificante de minhas palavras, diante de sua consideração e de seu amor ilimitados eu seja mandado embora e depois tenha que errar por aí, sem pátria.

Vou escrever uma peça de teatro, um drama. O herói será um oficial, e sua posição no corpo de oficiais, suas ideias e seus anseios, seus pequenos sofrimentos e suas grandes decepções e experiências serão os meus. E quando terminar o trabalho, mandarei imprimir algumas dúzias de exemplares apenas para mim e enviarei a peça para todos os palcos alemães, pois quero que meu drama seja encenado. Quero que muitas pessoas ao mesmo tempo ouçam, sintam e vivam o que experimentei de forma tão infinitamente dolorosa. Até que ponto os meus planos e as minhas esperanças irão se realizar, isso o futuro dirá!

Em meio a todos os meus sonhos e a todas as minhas dores terrenas, ainda há algo poderoso e atávico que devora a minha alma, algo que atravessa como um raio destruidor as minhas mais belas fantasias e visões, que é a seguinte ideia: "Você não tem um Deus!" – descartei o Deus que me foi dado de presente pela minha mãe como se descarta um brinquedo, e desde então o trono em meu coração está vazio. E quando algo dá certo para mim, não sei a quem devo agradecer; quando as mais bonitas esperanças se tornam água, não sei quem quis que assim fosse, e quando quero ter algo, não sei para quem rezar. E então, todos os meus passos são como se eu andasse sobre uma esponja, a cada momento prestes a sufocar, a cada momento tão solitário, como se a morte devesse me surpreender a qualquer instante ou a loucura fosse a única saída da minha situação mortalmente triste. Ao senhor posso dizê-lo, prezadíssimo senhor: há dois anos e meio, por duas vezes estive prestes a dar cabo de mim. Naquela época, mal era senhor dos meus sentidos, sentia-me como uma máquina. E nas epístolas de despedida que hoje me caíram nas mãos – e me fizeram sorrir como que por compaixão, é mencionada uma cisão entre ideal e vida, a palavra "Deus" aparece repetidas vezes. Hoje, as confissões de desencanto com a vida, provindas da mais profunda crise anímica de um jovem imaturo de dezoito anos, me deixam indizivelmente triste. Tão triste que poderia chorar sobre os anos perdidos de uma infância, anos que foram infindavelmente sombrios, sombrios em si e a partir de si mesmos, sombrios porque neles não havia espaço para ar e sol.

O senhor não ficará zangado, prezadíssimo senhor, por eu ter, no acima dito, aliviado a minha alma com uma triste confissão. Mas quem poderia eu transformar no confidente de meus mais íntimos medos, minhas angústias e ideias que não o senhor?

Peço-lhe a gentileza de me permitir que lhe mande poemas. Acrescentarei alguns dos mais recentes.

O livro cuja metade é de minha autoria não foi devolvido a mim. Estou feliz pelo fato de o senhor não chegar a vê-lo, pois talvez ele lhe roubasse uma hora e não lhe tivesse dado nada em troca. Nunca mais escreverei algo humorístico.

Atualmente, estou lendo muito o livro em que o senhor narra tão belamente a evolução dos pintores de Worpswede. Nessa leitura, sinto-me como ao ler o *Rodin*: de tudo que se lê ali, aos meus olhos se forma com uma clareza cada vez maior a sua figura de artista, a sua concepção maravilhosamente pura da vida e de suas leis, a sua compreensão profunda do belo, semelhante a um conto de fadas. E diariamente cresce a minha admiração pelo senhor, prezadíssimo senhor, e quero cair de joelhos e pedir a alguém, com toda a intensidade de minha juventude, que lhe dê felicidade e saúde.

Seu
Devedor de gratidão
FRANZ KAPPUS

13

RAINER MARIA RILKE
A
FRANZ XAVER KAPPUS

Roma, Villa Strohl-Fern, 23 de dezembro de 1903

Meu caro Senhor Kappus,

    O senhor não deve ficar sem uma saudação minha quando chegar o Natal e quando o senhor, em meio à festa, carregar a sua solidão de forma mais pesada que de costume. Mas então, quando o senhor perceber que ela é grande, ficará alegre com isso; pois (o senhor se pergunta) o que seria uma solidão sem grandeza; há apenas *uma* solidão, e essa é grande e não é fácil de carregar, e para quase todos vêm as horas em que gostariam de trocá-las por qualquer coletividade, por mais banal e barata que seja, pela aparência de uma ínfima coincidência com o primeiro que aparecer, com o mais indigno... Mas talvez sejam justamente essas as horas em que a solidão cresce, pois seu crescimento é doloroso como o crescimento dos meninos e triste como o início das primaveras. Mas isso não deve confundi-lo. Necessário é apenas isto: solidão, grande solidão interior. Mergulhar em si e não encontrar ninguém durante horas, é isso que se precisa alcançar. Estar só, tal como se era só quando criança, quando os adultos circulavam enredados em coisas que pareciam importantes e grandes, porque os grandes pareciam tão atarefados e porque não se entendia nada dos seus afazeres.

    E quando, num determinado momento, percebe-se que as tarefas deles são pobres, suas profissões estagnadas e não mais atreladas à vida, então, por que não continuar olhando para isso tudo como uma criança, como que olhando para algo não familiar, de dentro das profundezas de seu próprio mundo, a partir da amplidão da própria solidão que é, ela própria, trabalho, posição social e profissão? Por que querer trocar uma sábia não compreensão da criança por uma defesa e um desdém, uma vez que a não compreensão é estar só, mas defesa e desdém são justamente participação naquilo de que se quer se afastar com esses meios.

    Pense, caro senhor, no mundo que o senhor carrega dentro de si e nomeie esse pensar como quiser; pode ser lembrança da própria infância ou anseio pelo próprio futuro; de qualquer forma, esteja atento a tudo que surge dentro do senhor e coloque isso acima daquilo que perceber à sua volta. Sua atividade mais íntima é digna de todo o seu amor, é nela que o senhor deve trabalhar de alguma forma, e não deve perder tempo e coragem demais em esclarecer a sua postura em relação aos homens. Quem é que vai lhe dizer que o senhor tem uma postura? Sei que sua profissão é dura e cheia de contradições para o senhor, e eu previa seu lamento e sabia que ele viria. Agora que veio, não posso acalmá-lo, posso apenas lhe aconselhar que pense se não são assim todas as profissões, cheias de demandas, cheias de inimizade contra o indivíduo, encharcado com o ódio daqueles que se acomodaram calados e emburrados na obrigação sóbria do dever. A situação em que o senhor se vê obrigado a viver hoje não tem a carga mais pesada em termos de convenções, preconceitos e enganos que todas as outras profissões e, mesmo que haja algumas que apresentem uma liberdade maior, não haverá nenhuma que seja ampla e espaçosa em si e que tenha uma relação com as grandes coisas de que é composta a vida. Apenas o indivíduo que está só é como uma coisa colocada sob leis profundas, e se ele sai para a manhã que se inicia, ou se olha para a noite lá fora, repleta de acontecimentos, e quando ele sente o que está acontecendo ali, toda a situação se descola dele, como de um morto, não obstante ele estar em meio a muita vida. O que o senhor, caro senhor Kappus, está experimentando agora como oficial, o senhor teria sentido em qualquer uma das profissões existentes, e até mesmo se o senhor, à parte qualquer posição, apenas tivesse buscado contato leve e independente com a sociedade, essa sensação angustiante não lhe seria poupada. É assim em todo lugar, mas isso não é motivo para sentir medo ou tristeza; se não há algo em comum entre as pessoas e o senhor, tente estar próximo das coisas que o senhor não abandonará; ainda há as noites e os ventos, que atravessam as árvores e passam por sobre muitas terras; em meio às coisas e junto aos animais tudo ainda está cheio de acontecimentos dos quais o senhor pode participar; e as crianças ainda são como o senhor foi, tão triste e tão feliz, e quando o senhor pensar em sua infância, voltará a viver em meio a elas, em meio às crianças solitárias, e os adultos não serão nada, e a dignidade deles não terá valor.

E se for temeroso e torturante pensar na infância e no simples e silencioso a ela associado, por não conseguir mais acreditar em Deus, que aparece em todo lugar nesse período, então pergunte a si mesmo, caro senhor Kappus, se de fato o senhor perdeu Deus. Será que no fundo o senhor nunca o teve? Pois quando teria sido isso? O senhor acredita que uma criança consegue segurá-lo, Ele que é carregado por homens só com muito esforço e cujo peso comprime os anciãos? O senhor acha que aquele que o tem realmente não poderia perdê-lo como uma pequena pedra, ou o senhor não acha que quem o tem só poderia ser perdido por Ele? Mas se o senhor reconhecer que Ele não existiu em sua infância, nem antes, se suspeitar que Cristo foi iludido por seu anseio e que Maomé foi enganado por seu orgulho, e se o senhor se sentir assustado, pois nem agora Ele é, nesta hora em que falamos Dele, o que lhe dá o direito de sentir sua falta, Dele que nunca existiu, como se sente de alguém que se foi, e de buscá-lo como se tivesse sido perdido?

Por que o senhor não pensa que Ele é o vindouro, que desde a eternidade ele está por vir, que é o futuro, o fruto finito de uma árvore cujas folhas somos nós? O que o impede de lançar o nascimento Dele para os tempos vindouros e viver a vida como um dia doloroso e belo na história de uma grande gravidez? O senhor não vê como tudo que acontece é sempre começo, e será que não poderia ser o começo *Dele*, uma vez que começar é sempre tão belo em si? Se Ele é o mais completo, não teria que ser eu algo menor *diante* Dele, para que Ele possa escolher entre profusão e excesso? Não teria que ser Ele o último, para poder abarcar tudo dentro de si, e que sentido teríamos nós se aquele por quem ansiamos já tivesse sido?

Assim como as abelhas reúnem o mel, nós buscamos o mais doce dentro de tudo e o construímos. Até mesmo com o pouco, com o imperceptível (desde que aconteça por amor) começamos, iniciamos com o trabalho e o descanso, com um silenciar ou com uma pequena e solitária alegria, com tudo o que fazemos sozinhos, sem participantes nem adeptos nós o começamos, este que não iremos vivenciar, como tampouco nossos antepassados puderam nos vivenciar. E mesmo assim, eles, esses há-muito-passados, estão em nós, como tendência, como carga em nosso destino, como sangue que corre ruidoso, como gesto que sobe das profundezas do tempo.

Há algo que pode lhe tirar a esperança de estar alguma vez dentro dele, no mais distante e extremo?

Caro senhor Kappus, festeje o Natal com esse sentimento pio de que Ele talvez precise exatamente desse seu medo de viver para começar; justamente esses dias de sua travessia talvez sejam o tempo em que tudo no senhor trabalha com foco Nele, assim como o senhor certa vez, quando criança, trabalhou Nele sem fôlego. Seja paciente, não desanime e pense que o mínimo que podemos fazer é não transformar, para Ele, a mudança em algo mais pesado do que a terra já faz para a primavera quando está prestes a chegar.

E fique alegre e confiante.

Seu
RAINER MARIA RILKE

14

FRANZ XAVER KAPPUS
A
RAINER MARIA RILKE

Pozsony, Donaugasse 38.
29 de fevereiro de 1904

Prezadíssimo Senhor Rilke!

    Sua última carta com suas palavras e desejos queridos e bons me transportou como uma grande felicidade até o novo ano. A partir de sua missiva, prezadíssimo senhor, novamente conquistei tanta coragem vital, tanta alegria e força, que hoje não sei como lhe agradecer. É quase como um grande orgulho dentro de mim quando penso que todo aquele indizível, maravilhoso e belo que o senhor me confiou deva se dirigir apenas a mim, que o senhor me ache digno de participar de tais riquezas, destinadas apenas aos poucos, aos solitários. É por isso especialmente que suas cartas me são caras, mais caras e valiosas do que tudo que tenho, mais valiosas que seus livros, que podem pertencer a todos que os queiram – para escrever sobre isso. Desta vez foram palavras que soaram como uma Anunciação, pois falavam de solidão. Então, o espaço à minha volta ficou amplo, muito amplo...

E a minha carta, com todas as suas tolices sancionadas e exterioridades carregadas de tradição, de repente ficou como um traje que tenho que usar para atravessar incólume o grande aglomerado que se chama sociedade. E todas as cargas que, dia a dia, aguardam em meu caminho, cumprimento agora com alegria, porque são um meio de dar à minha vida cada vez mais valiosas dor e inquietude, de onde tudo o que espero deve se desenvolver. E sonho com um tempo em que a vida exterior nada mais poderá contra mim; com dias que me trarão bênçãos e aqueles que lhes serão muito semelhantes, que hoje amaldiçoo e não consigo afastar.

É quase ridículo ver como outros gastam o seu melhor em mesquinharias, como eles, semelhantes a formigas, grudam no chão e nada suspeitam dos mundos que perdem a cada dia mais e mais, até que, na hora da morte, tudo se esclarece, precisa se esclarecer, porque então não há mais tempo para modificar e melhorar e se conhecer. Ah, como lhe sou grato, prezadíssimo senhor, por ter me deixado concentrar-me em mim, uma vez que estava prestes a envolver a corda, que mal tinha sido tocada, com tecidos obscuros, tramados por pessoas desconhecidas e frias, com mãos igualmente desconhecidas.

Sei de momentos muito curtos e fugazes que estão dentro de mim como muros de mármore. Neles se espatifa tudo que não seja meu mais próprio.

Carreguei minha solidão como uma carga pesada. Ainda agora a carrego com este peso, ela, que ainda está se formando. E senti às vezes que a minha solidão não era profunda nem autêntica o suficiente, porque ainda sentia algo que parecia um querer-sair-deste-mundo. Depois saí para procurar um amor, que deveria me dar o restante, essa grandeza imensurável. Nessa época surgiu o soneto que – se me autoriza – coloco aqui.

> Minha vida treme sem sons chorosos,
> sem suspiros uma profundescura dor.
> Nos meus sonhos a pura neve em flor
> Abençoa meus dias mais silenciosos.
>
> Mas frequente é a grande questão
> que me cruza o caminho. Me apequeno, andando,
> frio, como num lago passando,
> cuja maré não ouso medir, não.
>
> E abate-me então uma triste dor,
> cinza como noites de verão sem brilho nem tons,
> só uma leve luz de estrela... às vezes quer dar o ar
>
> Minhas mãos então tateiam por amor,
> Pois gostaria eu de rezar sons
> Que minha boca ardente não consegue achar...

E assim já chego ao ponto em que quero lhe perguntar, caro e prezadíssimo senhor, como fica essa solidão quando o grande amor lhe atravessa o caminho, que tudo pode transformar como um redemoinho e que me parece muito imprevisível? Será que também no amor cada um deve carregar a sua solidão e possuir conjuntamente apenas *aquilo* que têm em comum, justamente o fato de terem a solidão? Ou será que "se amar" significa carregar conjuntamente a mesma solidão a dois e, tendo a consciência dessa força duplicada, sentir-se feliz e indizivelmente seguro e forte?

Nunca amei uma moça ou uma mulher tanto quanto possa sonhar: intensamente, sem reflexão nem amargor. Devo ser jovem demais para isso – ou velho demais. Quando criança, sabia de uma mulher que poderia matar de tanto amor. Mas isso deve fazer muito tempo, é quase um sonho. Mas um desses que nunca esquecemos.

Desculpe-me, prezadíssimo senhor Rilke, se o aborreço e me julgo mais interessante do que devo ser de verdade. Mas se o senhor pensar que é o único a quem posso dizer tudo sem rodeios, o único que sei que compartilha das minhas pequenas alegrias, meus sofrimentos e minhas esperanças e desejos, com sentimento sincero, então o senhor certamente será condescendente e clemente, me deixando contar.

Perdoe-me também por perguntar só agora como está sua saúde. Só minhas noites e horas mais silentes sabem o quanto lhe desejo felicidade e saúde de todo o coração! Eu queria poder dizê-lo de alguma forma!

E, por favor, não considere tolo se lhe pedir cordialmente que me diga como passou o longo inverno. Certamente não é curiosidade querer saber se o senhor encontrou naquela mansão silenciosa aquelas "horas felizes e produtivas" sobre as quais me escreveu em sua penúltima carta.

Eu pretendo voltar a Viena em alguns meses. Candidatei-me a isso da forma mais enfática, porque acredito que minha vida ainda precisa muito daquela alegria e daquela fruição diante do que criaram os grandes e imortais que nos antecederam.

E se o tempo lhe permitir, prezadíssimo senhor, alegre-me novamente com seus amorosos e bondosos conselhos e continue me presenteando com sua benevolência, que me faz imensamente feliz e bem-aventurado.

Todo seu,
FRANZ KAPPUS

15

RAINER MARIA RILKE
A
FRANZ XAVER KAPPUS

Roma, 14 de maio de 1904

Meu caro senhor Kappus,
    Muito tempo se passou desde que recebi sua última carta. Não me leve a mal; primeiro foi o trabalho, depois foram as interrupções e, por fim, um estado de enfermidade que sempre me impediram de mandar a resposta, que deveria chegar ao senhor (era o que eu queria) oriunda de dias calmos e bons. Agora me sinto um pouco melhor (o início da primavera, com suas transições ruins e temperamentais, também foi sentido por aqui de forma dura) e venho então saudá-lo, caro senhor Kappus, e também comentar alguns assuntos da sua carta, da melhor maneira que puder.
    O senhor vê aqui: copiei seu soneto, porque achei que era bonito e simples e nascido na forma que é possível com esse decoro tão silencioso. São os melhores versos seus que pude ler. E agora lhe passo esta cópia, porque sei que é importante e repleto de experiência nova reencontrar o próprio trabalho em escrita alheia. Leia os versos como

se fossem de alguém desconhecido e sentirá no seu mais íntimo como eles são seus.

Foi uma alegria para mim ler muitas vezes esse soneto e a sua carta; agradeço por ambos.

E não se deixe perturbar em sua solidão pelo fato de haver algo dentro do senhor que deseja sair dela. Justamente essa vontade, se o senhor usá-la de forma calma e soberana como uma ferramenta, lhe ajudará a expandir a sua solidão por vastas paragens. As pessoas (com auxílio de convenções) têm solucionado tudo pelo lado mais fácil, e ainda pelo lado mais fácil do fácil; mas parece claro que devemos nos ater ao difícil; tudo que é vivo se atém a isso, tudo na natureza cresce e se defende à sua maneira e é algo próprio a partir de si, tenta sê-lo a todo custo e contra toda resistência. Sabemos pouco, mas o fato de termos que nos manter do lado difícil é uma certeza que não nos abandonará; é bom ser solitário, pois a solidão é difícil; o fato de algo ser difícil deve ser uma razão a mais para fazê-lo.

Amar também é bom: pois o amor é difícil. Amor entre pessoas: esse talvez seja o mais difícil de que fomos incumbidos, o extremo, o último teste e prova, o trabalho para o qual todo e qualquer outro trabalho é apenas preparação. Por isso, pessoas *jovens*, que são iniciantes em tudo, ainda não conhecem o amor: precisam aprender. Com todo o ser, com todas as forças, reunidas em torno de seu coração que bate solitário, temeroso, acelerado, precisam aprender a amar, mas o tempo de aprendizado é sempre um período longo, encerrado; então amar, por um longo período e ao longo da vida, é: solidão, uma solitude potencializada e aprofundada para aquele que ama. Inicialmente, amar não é nada que possa desabrochar, onde alguém possa se entregar ou se unir a um segundo (pois isso seria uma junção do não esclarecido com o inconcluso, ainda subordinado?), é uma ocasião sublime para o indivíduo, para amadurecer, tornar-se algo dentro de si, tornar-se mundo, tornar-se mundo para si e por outrem, é uma reivindicação grande e imodesta a ele, algo que o escolheu e o elege para a amplidão. Só nesse sentido, como tarefa de trabalhar consigo mesmo ("escutar e martelar dia e noite"), é que pessoas jovens deveriam usar o amor que lhes é dado. O desabrochar e a entrega e todo tipo de coisas em comum não são para elas (que ainda precisam economizar e colecionar por muito, muito tempo), é o finito, e talvez seja aquilo para que vidas humanas inteiras agora não sejam mais suficientes.

Mas é aí que as pessoas jovens erram tanto e de forma tão grave: pelo fato de elas (em quem a falta de paciência faz parte do ser) se jogarem umas para as outras quando o amor delas se apodera, elas se espargem, tais como são, em toda a sua displicência, desordem, confusão... Mas o que será depois? O que a vida fará com esse monte de semidestroços que chamam de coisas em comum e que gostariam de chamar de sua felicidade se fosse possível, mas e o futuro? Nele, cada um se perderá pelo bem do outro e, então, perderá o outro, e muitos outros que ainda queriam vir. E perderá as amplitudes e possibilidades, trocará a proximidade e a fuga de coisas silenciosas e promissoras por um desamparo infrutífero, de onde nada mais poderá vir; nada além de um pouco de nojo, decepção e pobreza e a salvação em meio a uma de muitas convenções, instaladas em grande quantidade à beira desse perigosíssimo caminho, como cabanas protetoras comuns. Nenhuma área da vivência humana está tão abastecida de convenções quanto esta: coletes salva-vidas como invenções variadas, botes e boias estão lá; a concepção social soube criar refúgios de toda espécie, pois, como ela tendia a tomar a vida amorosa como uma diversão, também teve que configurá-la como algo leve, barato, inofensivo e seguro, tal como são as diversões públicas.

É verdade que pessoas jovens que amam errado, isto é: simplesmente se entregando e insolitárias (a média sempre ficará nisso), sentem a opressão de um passo errado e querem transformar o estado em que entraram em algo possível de ser vivido e frutífero, à sua própria maneira pessoal; pois sua natureza lhes diz que as questões do amor, ainda menos que todo o restante que é importante, podem ser resolvidas publicamente e conforme este ou aquele acordo; que são questões, especificamente questões próximas feitas de pessoas para pessoas, que em todo caso precisam de uma resposta nova, específica, *apenas* pessoal; mas como eles, que já se jogaram uns para os outros, e não se delimitam nem se distinguem mais, portanto que nada mais têm de próprio, como eles podem encontrar uma saída de dentro de si, da profundeza da solidão já soterrada?

Eles agem movidos por desamparo coletivo e, quando querem evitar a convenção que lhes chama atenção (por exemplo, o casamento), na melhor das intenções, acabam caindo nos braços de uma solução convencional, menos ruidosa, mas não menos mortal; pois ali, tudo à sua volta ampla é convenção; quando se age a partir de uma junção comum a ambos obscura, que confluiu cedo, *toda* ação será convencional: toda relação gerada por uma tal confusão tem a sua própria convenção, por menos usual que seja (isto é, imoral no sentido comum); até mesmo a separação seria um passo convencional, uma decisão impessoal ao acaso, sem força e sem temor.

Quem olhar com seriedade verá que, assim como para a morte, que é difícil, até agora também não se conhece esclarecimento nem solução, nem dica nem caminho para o amor difícil; e para essas duas tarefas que trazemos cobertas conosco e que passamos adiante sem abri-las, as pesquisas não mostraram existir nenhuma regra em comum, baseada em acordo. Mas, na mesma medida em que começamos a tentar a vida enquanto indivíduos, toparemos com essas coisas grandes bem próximas, enquanto indivíduos. As reivindicações ao nosso desenvolvimento feitas pelo difícil trabalho do amor são maiores que a vida, e nós, enquanto iniciantes, não estamos à altura delas. Mas, se aguentarmos e assumirmos esse amor como carga e período de aprendizagem, em vez de nos perdermos diante de todo esse jogo fácil e frívolo, atrás do qual as pessoas têm se escondido da seriedade mais séria de sua existência, então, talvez para aqueles que virão muito depois de nós, seja perceptível um pequeno progresso e um alívio; e isso já seria muito.

Estamos justamente acabando de observar a relação de um único indivíduo com um segundo indivíduo sem preconceitos e de modo objetivo, e as nossas tentativas de viver relacionamentos assim não têm nenhum modelo a seguir. Mesmo assim, na mudança dos tempos, há várias coisas querendo ajudar nosso reticente caráter de iniciantes.

A moça e a mulher, em seu desdobramento novo e próprio, apenas temporariamente serão imitadoras dos maus modos e dos modos dos homens, bem como repetidoras de profissões masculinas. Após a insegurança de tais transições, ficará evidente que as mulheres só passaram pela opulência e transformação daqueles disfarces (muitas vezes ridículos) para limpar a sua essência mais íntima das influências deformantes do outro sexo. As mulheres, nas quais a vida se demora e mora de forma mais imediata, fértil e confiável, no fundo devem ter se tornado pessoas mais maduras e seres humanos mais humanos do que os homens leves, não puxados para debaixo da superfície da vida pelo peso de um fruto físico, esses homens que, arrogantes e apressados, subestimam o que creem amar. Esse ser-humano da mulher, vivido sob dores e humilhações, aparecerá quando ela tiver se livrado das convenções da apenas-feminilidade nas transformações de sua situação exterior, e os homens que ainda não sentiram isso chegar serão surpreendidos e abatidos por isso. Chegará o dia (hoje já há sinais confiáveis que falam por si e brilham, principalmente nos países nórdicos), chegará o dia em que estarão lá a moça e a mulher, cujo nome não significará mais apenas um oposto ao masculino, mas algo por si, algo diante do qual não se pensa em complementação nem em limite, apenas em vida e existência: a pessoa feminina.

Esse progresso transformará a vivência do amor, que agora está repleto de errâncias (muito contra a vontade dos homens ultrapassados, inicialmente), irá transformá-la em suas bases, reconfigurando essa vivência como uma relação entendida como entre pessoa e pessoa, não mais entre homem e mulher. E esse amor mais humano (que se dará com infinita consideração, muito silencioso, e que será bom e claro entre juntar e soltar) será semelhante àquele que preparamos com muito empenho e esforço, o amor que consiste em duas solidões que se protegem, se delimitam e se cumprimentam mutuamente.

E ainda o seguinte: não acredite que aquele grande amor que lhe foi imputado enquanto menino se perdeu; o senhor saberia dizer se naquela época amadureceram no senhor grandes e bons desejos e intenções, que ainda hoje nutrem a sua vida? Creio que aquele amor permaneceu tão forte e poderoso em sua lembrança porque foi sua primeira e profunda solitude e o primeiro trabalho interior que o senhor fez na vida. Desejo-lhe o melhor, caro senhor Kappus!

Seu
RAINER MARIA RILKE

Soneto

Minha vida treme sem sons chorosos,
sem suspiros profundescura dor.
Nos meus sonhos a pura neve em flor
Abençoa meus dias mais silenciosos.

Mas frequente é a grande questão
que me cruza o caminho. Me apequeno, andando,
frio, como num lago passando,
cuja maré não ouso medir, não.

E cai então sobre mim uma triste dor,
cinza como noites de verão sem brilho nem tons,
só uma leve luz de estrela... às vezes quer dar o ar:

Minhas mãos então tateiam por amor,
Pois gostaria eu de rezar sons
Que minha boca ardente não consegue achar...

(Franz Xaver Kappus)

16

FRANZ XAVER KAPPUS
A
RAINER MARIA RILKE

Pozsony, 14 de julho de 1904

Prezadíssimo Senhor Rilke!

Tivesse eu, logo após ter recebido sua última e querida carta, me dirigido ao senhor com a resposta, minha gratidão talvez tivesse um efeito mais direto e caloroso do que hoje. Mas creia-me, meu bom senhor Rilke, que sua última missiva significou infinitamente mais para mim do que folhas vindas de alguém que nos quer bem.

Veja: começando pelo dia, o daquele momento. Era meu 21º aniversário, e muitas pessoas que me são próximas se manifestaram verbalmente e por escrito. E fiquei muito triste em perceber como todos aqueles desejos e fórmulas batidas escorriam de mim e nem mesmo me tocaram. E então, ao anoitecer daquele dia sombrio, me trouxeram sua saudação escrita, com todas aquelas provas fiéis de sua bondade silente. Fiquei indizivelmente bem, e com uma sensação calorosa e boa. Só Deus sabe quantas vezes eu li suas linhas. E quanto mais reconheço quão pouco mereço todo o seu amor por mim, maior fica minha gratidão. Eu queria poder dizê-lo ao senhor algum dia ao vivo.

O que mais me alegrou foi a sua benevolência diante de meus versos. Eu temia tanto isso, ouvir do senhor que sou algo, que sei fazer alguma coisa. Para mim, prezado senhor Rilke, o senhor é a única instância que conta. Pois nos últimos meses tinha voltado a desanimar e me senti tão pusilânime e sem orgulho que sorvi suas palavras como flores sorvem o orvalho.

Ah, nos dias que ficaram para trás, muitas vezes, muitas, quis fugir e ir ao seu encontro. E houve horas das quais eu queria sair a todo custo, só sair, em direção a alguém que fosse bom para mim. Mas depois disse para mim mesmo, já mais tranquilo e racional, que não tenho o direito de reclamar diante do senhor de tristezas passageiras e desespero, que não tenho o direito, e forjar em palavras aquilo que precisa ser vivido sozinho e sem ruídos (custe o que custar), palavras que são pesadas e desfiguram tudo. Mas, afinal, aquilo passaria. E eu sabia que passaria. E *isso* também me deixou mal-humorado.

Minha solidão me faz sofrer infinitamente. Não que eu não fosse bom para ela: eu a amo muito. Mas nela se criam coisas que me são totalmente inexplicáveis. Ela me presenteia com ambientações diante das quais me sinto completamente impotente e sem força nem compreensão. Então, ela sempre me deixa triste. Tão triste que quero morrer logo. Lembro-me de um dia que passei em Viena. Queria ver uma menininha, uma moça com seus 17 anos que eu amava muito, queria vê-la e conversar com ela. Por alguma razão, foi impossível. Eu já tinha quase me conformado com o caso, a coisa estava resolvida. Aí, de repente, no meio da cidade, em meio ao maior barulho e fervilhar, fui acometido por uma tristeza que não esquecerei pelo resto de minha vida. Fui para casa imediatamente e, mal tinha chegado a Viena, comecei a chorar (ou melhor: começou a chorar dentro de mim) e solucei como criança. Hoje não sei o que foi aquilo. Mas quando olho o pequeno relógio de bronze que fica sobre a minha escrivaninha, e para o qual olhava tão desesperadamente, então sinto tudo voltar com grandes tristezas.

Devo estar doente.

A segunda coisa é a inquietação que me assola. Uma inquietação que busca a caça e tenta agarrar algo sem que eu possa fazer nada. Durante o dia, ela fica comigo, e também não sai de perto de mim quando cai a noite. E tudo é digno de ser alcançado e depois, quando estiver nas mãos deles como um brinquedo, será jogado para longe, e a inquietação vai procurar novas sensações.

Deus sabe como isso vai terminar.

O senhor me escreveu palavras tão maravilhosas sobre o amor, senhor Rilke, bondoso que é. Tão maravilhosas que eu poderia me esconder de mim mesmo de tanta vergonha e escândalo. Nem faz tanto tempo que vivi o amor como um animal.* Essa impaciência e inquietude rasante: eu queria medir tudo com passos apressados, e meu amor voava de prazer em prazer. Pode ser que seja aquela velha história do "querer se anestesiar" e do "buscar esquecer".

---

* animal: no sentido corrente. (N. A.)

Mas, nisso, quase me perdi. Acrescente-se ainda que a minha infância também foi envenenada. Foi quando duras perversidades me mantinham cercado e não queriam, não queriam me libertar. Minha melhor força se empenhou em se livrar de algo que não queria me libertar. E, por fim, deu certo. Mas tenho a sensação que domina alguém que fez algo grandioso. Estou cansado, e isso me parece muito triste e sombrio na minha idade.

E tive que começar a reformular a minha vida, configurando-a de acordo com os conhecimentos de dias posteriores. Isso novamente demandou força. E aí me vi obrigado a perceber que tudo foi bem diferente do que acreditava: em vez de ficar mais fácil, foi ficando cada vez mais difícil e mais difícil me manter um vencedor. Talvez seja assim porque os objetivos são e eram mais altos.

Por favor, ouça:

A volúpia

Eu era menino, e a volúpia chamava
e tentações no meu ouvido sussurraram gostoso;
eis que um mundo veio à luz, ruidoso,
que antes na maior escuridão dormitava.

Assim, segurei febril naquela mãozinha
a flor ardente, que até para homens pesava,
à minha volta, só alegrias alheias achava,
pois em jardins maduros estava eu, criancinha.

De lá para cá pela volúpia fui jogado sim,
E muito seu beijo úmido me torturou;
mas hoje, sorrindo, meu pé fincando vou
na cabeça da pálida enganosa; fim.

Venho me perguntando se tudo aquilo com que minha solidão me tortura não está associado a todas essas experiências precoces de meus anos de infância. Penso que a solidão está operando uma espécie de vingança comigo, fazendo com que fique muito difícil carregá-la, porque nos anos de infância já a rejeitei tão cedo e com tanta vontade, querendo trocá-la pelo que faz a vida dos grandes ser tão indizivelmente miserável e difícil, e que para mim, visto à distância, parecia tão maravilhoso.
    E agora, prezadíssimo senhor Rilke, não vou continuar lhe contando coisas tão desagradáveis. Desculpe-me, por favor, por tê-lo feito.

Receba novamente a minha mais cordial e profunda gratidão por suas linhas tão enormemente boas e carinhosas e tenha a convicção de que a minha vida seria muito pobre sem os livros e as cartas que vêm do senhor. Com os melhores votos para a sua saúde,

Em dívida de
gratidão com o senhor,
FRANZ KAPPUS

P.S.: Meu endereço atual só vale até o fim deste mês. Depois, por favor, enderece a: Pozsony, caserna do hospital. Nos próximos meses não estaremos acomodados de forma mais estável devido a exercícios maiores. Da caserna eles nos encaminham a correspondência.

17

RAINER MARIA RILKE
A
FRANZ XAVER KAPPUS

Borgeby Gård, Flädie, Suécia, 12 de agosto de 1904

Vou voltar a falar um pouco com o senhor, caro senhor Kappus, apesar de não poder dizer quase nada que seja de alguma ajuda, nada de útil. O senhor teve muitas e grandes tristezas que passaram. E o senhor diz que também esse passar foi difícil e determinante para o senhor. Mas, por favor, pense e veja se essas grandes tristezas não atravessaram o senhor. Será que muito mudou no senhor, será que em algum lugar, em algum ponto do seu ser o senhor não se transformou enquanto estava triste? Perigosas e ruins são aquelas tristezas que são levadas para o meio das pessoas para sobrepujá-las; como doenças que são tratadas de forma superficial e estúpida, apenas se retraem e, após uma breve pausa, voltam, frutificando mais do que nunca; e se aglomeram no íntimo e são vida, são vida não vivida, desprezada, perdida, vida que pode nos fazer morrer. Se fosse possível vermos para além do nosso conhecimento, e ainda um pouco além das obras prévias da nossa suposição, talvez suportássemos as nossas tristezas com mais confiança do que nossas alegrias. Pois elas são os momentos em que algo novo se instalou em nós, algo desconhecido; nossos sentimentos emudecem em preconceito tímido, tudo em nós se retrai, surge um silêncio, e o Novo, que ninguém conhece, fica bem no meio e silencia.

Acredito que quase todas as nossas tristezas sejam momentos de tensão que sentimos como se fossem uma paralisia, porque não ouvimos mais as nossas sensações estranhadas viverem. Porque estamos sozinhos com o alheio que se instalou em nós; porque tudo que nos é familiar e habitual por um momento foi tirado; porque estamos em meio a uma transição, em que não podemos ficar parados. Por isso, também a tristeza passa: o Novo em nós, aquilo que foi acrescentado, adentrou nosso coração, foi para dentro de sua mais íntima câmara e agora também não está mais lá – já está no sangue. E não ficamos sabendo o que foi. Poderiam fazer-nos crer facilmente que nada aconteceu e, mesmo assim, transformamo-nos, assim como se transforma uma casa em que entrou um hóspede. Não podemos dizer quem chegou, talvez nunca venhamos a saber, mas muitos sinais dão conta de que o futuro entrará em nós dessa forma, para se transformar em nós, muito antes de ele acontecer. E por isso é tão importante ser solitário e estar atento quando se está triste, pois o momento aparentemente sem eventos e estático em que nosso futuro nos invade está muito mais próximo da vida do que aquele outro instante barulhento e ocasional, quando esse futuro nos acontece, como que vindo de fora. Quanto mais silenciosos, pacientes e abertos formos enquanto tristes, mais profunda e certeiramente o Novo nos adentra, melhor o adquirimos, mais ainda ele será o *nosso* destino, e nos sentiremos intimamente aparentados e próximos dele quando "acontecer" a qualquer dia mais adiante (isto é: saindo de nós e se juntando aos outros). E isso é preciso. É preciso – e é nessa direção que irá nosso desenvolvimento, pouco a pouco – que nada de estranho nos acometa, mas apenas aquilo que há muito tempo nos pertence. Já foi preciso repensar muitos conceitos de movimento, e aos poucos também aprenderemos a reconhecer que aquilo que chamamos de destino sai de dentro das pessoas, e não vai de fora para dentro delas. Só porque tantos não sugaram os seus destinos enquanto viviam dentro deles, enquanto viviam neles, e não os sugavam e os transformaram em si mesmos, não reconheceram o que saía de dentro deles; era-lhes tão estranho que, em seu horror confuso, pensavam que justamente agora devia ter entrado neles, uma vez que juraram nunca ter encontrado algo semelhante dentro de si. Tanto quanto nos iludimos por um longo tempo em relação ao movimento do Sol, ainda hoje nos iludimos sobre o movimento do que virá. O futuro está definido, caro senhor Kappus, mas nós nos movimentamos no espaço infinito.

Como não seria difícil para nós?

E, se voltarmos a falar da solidão, ficará cada vez mais claro que no fundo não há nada que possamos escolher ou deixar de fazer. Nós *somos* solitários. Podemos nos iludir e fingir que não é assim. Isso é tudo. Mas o quanto é melhor, por exemplo, acabar vendo que o somos, e até mesmo partir desse pressuposto. Então, certamente acontecerá de sentirmos tontura, pois todos os pontos sobre os quais costumávamos pousar nosso olhar nos são tirados, não há nada próximo mais, e todo o distante é infinitamente distante. Quem, partindo quase sem preparação nem transição de seu quarto, fosse colocado na altitude de uma grande cadeia de montanhas, deveria sentir algo semelhante: uma insegurança inigualável, uma exposição indefesa ao inominável quase o eliminaria. Ele acreditaria estar caindo ou se julgaria projetado para dentro do espaço ou então explodido em mil pedaços: que mentira inominável seu cérebro precisaria inventar para alcançar e esclarecer o estado dos seus sentidos. Então, para aquele que se torna solitário, mudam todas as distâncias, todas as medidas; dessas mudanças, muitas ocorrem de repente e, como no caso daquele homem no cume da montanha, surgem fantasias incomuns e sensações curiosas, que parecem crescer para além de todo o suportável. Mas é necessário que vivenciemos *isso* também. Precisamos aceitar nossa existência *até onde* for possível; tudo, mesmo o inaudito, precisa ser possível ali. Esta é, na verdade, a única coragem que exigem de nós: ser corajoso diante do mais curioso, do mais misterioso e inexplicável que possa cruzar nosso caminho. O fato de os homens terem sido tão covardes nesse sentido criou infinitos prejuízos à vida; as vivências que chamamos de "fenômenos", todo o chamado "mundo dos espíritos", a morte, todas essas coisas que nos são aparentadas, foram tão insistentemente afastadas da vida pela defesa cotidiana, que os sentidos com que poderíamos abarcá-las definharam. O que dizer de Deus, então? O medo do inexplicável não só tornou a existência do indivíduo mais pobre, mas as relações entre as pessoas acabaram limitadas por esse medo, como se tiradas do leito de um rio de infinitas possibilidades e levadas para uma margem erma, à qual nada acontece. Pois não é apenas a letargia que faz com que as relações humanas se repitam tão indizivelmente monocórdias e sem renovação de caso a caso; é a retração diante de qualquer vivência nova e imprevisível, à altura da qual cremos não estar. Mas só quem está preparado para qualquer coisa, quem não exclui nada, nem o mais enigmático, viverá a relação com o outro como algo vivaz e sorverá ao máximo a sua própria existência. Pois, conforme pensamos essa existência do indivíduo como um espaço maior ou menor, ficará evidente que a maioria das pessoas só conhecerá um canto do seu espaço, um lugar à janela, uma faixa sobre a qual andará de um lado para o outro. Dessa forma, terão certa segurança. Não obstante, aquela insegurança cheia de perigos é tão mais humana, ela que insta os prisioneiros, nas histórias de Poe, a tatear as formas de suas terríveis masmorras e não serem alheios ao indizível terror de sua permanência ali. Mas não somos prisioneiros. Não há armadilhas nem laços preparados para nós, e não há nada que nos devesse amedrontar ou torturar. Fomos colocados na vida como no elemento ao qual mais correspondemos, e, além disso, ao longo da adaptação milenar, acabamos por nos tornar tão similares a essa vida que, se nos mantivéssemos quietos e parados, dificilmente nos distinguiriam de tudo que nos cerca, como um feliz disfarce. Não temos motivo para desconfiar do nosso mundo, pois ele não está contra nós. Se ele tiver horrores, então são os *nossos* horrores; se tiver precipícios, então esses precipícios nos pertencem; se há perigos ali, precisamos tentar amá-los. E se configurarmos a nossa vida de acordo com aquele princípio que nos aconselha a sempre nos atermos ao difícil, então aquilo que agora ainda nos parece o mais diferente passará a ser nosso elemento mais familiar e fiel. Como conseguiríamos esquecer aqueles velhos mitos que estão no início de todos os povos? Os mitos dos dragões que se transformam em princesas no momento mais extremo; talvez todos os dragões de nossa vida sejam princesas que estão apenas esperando para, enfim, nos verem belos e corajosos. Talvez tudo o que há de horrível seja, bem lá no fundo, o desamparo que quer o nosso amparo.

Então, o senhor, caro senhor Kappus, não deve se assustar quando uma tristeza se erguer diante do senhor, grande como o senhor nunca viu; quando uma inquietação, como luz e sombras de nuvens, passar sobre as suas mãos e todo o seu fazer. O senhor precisa perceber que há algo acontecendo com o senhor, que a vida não o esqueceu, que ela o tem nas mãos; ela não o deixará cair. Por que o senhor quer excluir da sua vida qualquer inquietação, qualquer sofrimento, qualquer tristeza, já que o senhor não sabe o que esses estados operam no senhor? Por que o senhor quer perseguir a si próprio com a pergunta que indaga de onde vem isso tudo e para onde vai? Já que o senhor sabe que está em transições e não desejaria nada mais intensamente do que se transformar. Se algo dos seus processos estiver adoentado, pense que a doença é o meio pelo qual um organismo se liberta do que lhe é estranho;

então, precisamos apenas ajudá-lo a ser doente, a ter a sua doença por inteiro e eclodir, pois esse é o seu progresso. Dentro do senhor, caro senhor Kappus, está acontecendo tanta coisa agora; o senhor precisa ser paciente como um doente e confiante como um convalescente, pois talvez o senhor seja os dois. Mais ainda: o senhor é também o médico que deverá observar-se. Mas em cada doença há dias em que o médico nada pode fazer além de esperar. E é isso que o senhor, desde que seja médico, deverá fazer agora, antes de qualquer coisa.

Não se observe demais. Não tire conclusões apressadas a partir do que lhe aconteceu, apenas deixe acontecer. Do contrário, talvez o senhor comece a olhar para o passado com críticas (ou seja: moralmente), passado este que naturalmente tem participação em tudo que lhe acontece hoje. Mas o que age dentro do senhor a partir das errâncias, dos desejos e dos anseios da sua infância não é aquilo que o senhor lembra e que condena. As condições extraordinárias de uma infância solitária e desamparada são tão difíceis, tão complicadas, expostas a tantas influências e, ao mesmo tempo, tão apartadas de todas as verdadeiras conexões da vida, que quando um vício ali se instalar, não poderemos simplesmente lhe dar esse nome. De resto, precisamos ter muito cuidado com os nomes; muitas vezes, uma vida se quebra a partir do *nome* de um crime, não o ato inominado e pessoal em si, que talvez tenha sido uma necessidade muito específica daquela vida e que poderia ser aceita sem esforço. E o gasto de força só lhe parece tão grande porque o senhor superestima a vitória; não é ela que é "o grande" que o senhor julga ter produzido, apesar de ter razão com o seu sentimento; o grande é o fato de já ter havido algo antes lá que o senhor pôde colocar no lugar daquela traição, algo verdadeiro e real. Sem isso, até a sua vitória seria apenas uma reação moral, sem maior importância, mas, dessa forma, se tornou um trecho da sua vida. Da sua vida, caro senhor Kappus, em que penso com tantos bons desejos. O senhor lembra como essa vida ansiava pelo "grande" desde a infância? Eu vejo como ela agora se afasta dos grandes em direção aos ainda maiores. Por isso, não para de ser difícil, mas por isso também não parará de crescer.

E se eu ainda puder lhe dizer uma coisa, será o seguinte: não pense que aquele que tenta consolá-lo vive sem esforço em meio às palavras simples e silenciosas, que às vezes fazem bem ao senhor. A sua vida teve muitos esforços e muita tristeza e ficou muito para trás do senhor. Mas, se fosse diferente, ele nunca teria encontrado aquelas palavras.

Seu
RAINER MARIA RILKE

18

FRANZ XAVER KAPPUS
A
RAINER MARIA RILKE

Nádas, 27 de agosto de 1904

Prezadíssimo Senhor Rilke!
    Sua última carta foi-me reenviada para cá. Veio em um dia pleno de tristezas, sobre as quais o senhor soube me dizer tanta coisa boa e consoladora. E li sua carta muitas vezes. E tudo se ampliou à minha volta e tive necessidade de agradecer a alguém por ter me dado o presente maravilhosamente rico da tristeza. Agradeço-lhe, prezadíssimo senhor Rilke, antes de mais nada, pois a cada vez o senhor me dá novas chaves para a minha vida e seus inúmeros enigmas, chaves que ensinam a encontrar terras não descobertas e que me ajudam a trilhar os *meus* caminhos. De forma quase imperceptível e altruísta, suas palavras simples trouxeram para a minha alma a dádiva de que mais preciso: ter fé em algo. Uma fé em que possamos nos agarrar quando tudo à nossa volta parece oscilar e se tornar tão desprovido de sentido que, se não tivéssemos essa fé, necessariamente nos

desesperaríamos e morreríamos. E depois, na segunda parte de sua última carta, o senhor me presenteou com longos trechos de meu passado, minha infância, que até há pouco eu acreditava ter que condenar. Ah, como lhe sou grato pelo consolo de que não cometi nada de incorreto, quando eu, o menino com os sonhos, anseios e moções mais sem sentido, com toda a força de meus 13 anos, me joguei sobre meu amigo de mesma idade e o amei e beijei, como nunca depois fiz com uma garota. Vejo essa vivência hoje diante de mim com a mesma clareza que tinha naquela época, enquanto pouco sei de vivências a que meus pais e outras pessoas desconhecidas atribuíam muita importância. Tenho a nítida sensação de que as mais importantes transformações da minha alma aconteceram naquela época, quando, no ímpeto de amor intempestivo, meu torturado coração de menino batia pelo amigo. Meus sentimentos naquela época eram puros – apesar de todos os demais mal-entendidos que inevitavelmente acompanhavam a situação.

Hoje mal conheço esses sentimentos. E, se eles se instalam em algum lugar e de início parecem ter chegado sem nome, quanto mais perto deles chego e os observo, se transformam em algo feio.

Há algo na vida das pessoas que chamamos de perversidade. Ela vive no escuro e erra esgueirando-se de alma em alma, de corpo em corpo, e se encolhe tímida quando passam as pessoas, que cobrem tudo o que não entendem de xingamentos. E em meio a esse desprezo generalizado, ficamos confusos em relação a nossos sentimentos e infinitamente desconfiados diante de tudo que possa ser sagrado, uma vez que provém das nossas próprias profundezas.

Não vou dizer que perversidades me atraem. Mas conheço algumas horas em que as coisas me excitam de uma forma curiosa, muito distante do contexto sexual. Uma bela mão de mulher com articulação esguia e branca, envolta por um bracelete dourado, pode-se tornar uma vivência mais intensa para mim do que todo o resto com que uma mulher é fartamente aparelhada. Assim se criam sentimentos quase físicos. E assim por diante.

Devemos tomar partido contra impulsos desse tipo? Ou será que realmente para o puro tudo é puro?

E se eu puder seguir relatando sobre a minha vida, devo dizer em primeiro lugar que para mim se torna quase indizivelmente difícil atravessar meu desenvolvimento. Tão infinitamente difícil que às vezes me vejo impelido a chorar alto e a supor que tudo é apenas um jogo de alguma coisa enorme, cruel.

É aí que todo pensar e sentir tem um limite, e precisa se retirar diante de um jogo de dúvidas e de ceticismo, que tudo decompõe. Ah, o senhor não imagina, prezadíssimo senhor Rilke, a gravidade do meu sofrimento sob esse ceticismo. É difícil algo resistir a isso. Sou obrigado ver como esse ceticismo derruba do pedestal o meu mais íntimo e melhor, e depois deixa o lugar vazio, espreitando, com sua mão criminosa, uma nova vítima de sua raiva. Se acho algo bonito e sinto que vêm chegando momentos de admiração indivisível, logo ela está ao meu lado de novo e sussurra no meu ouvido: "Ei, mas isso é feio, isso que você idolatra, você foi acometido pela cegueira. Não há nada belo. Foram os homens, esses tolos, que inventaram isso: que tudo deveria ser realmente bonito; o que acham bonito, tudo adocicado, o que lhes parece adocicado. No fundo, tudo isso tanto faz, tanto faz mesmo".

É esse o meu estado de espírito com tudo, pouco a pouco, mais cedo ou mais tarde. Não é desesperador?

E ainda: torna-se terrivelmente difícil para mim construir e viver a minha vida, minha vida exterior, tal como eu gostaria que fosse, para que ela se torne um espelho da minha vida interior. E aí muitas vezes deparo com uma fraqueza que é difícil de ser superada, com um cansaço sem limites; é como se eu já tivesse muitos anos de trabalho nas costas e não fosse alguém prestes a iniciar.

Tenho aqui um livro perto de mim que me é muito caro, e cujas palavras simples e infantis sempre me consolam quando na minha alma as coisas começam a ficar escuras e muito inquietas. É a nova edição de suas *Histórias do bom Deus*. Gosto especialmente da última das narrativas, que a "História conta ao escuro", e que leio muitas vezes, e lá me nutro de coragem e força para as pessoas solitárias que, com grande naturalidade e sem ruídos, andam por seu mundo, que para os outros não apenas é um Livro dos Sete Selos, mas também um mundo de perdição. Se o senhor, prezadíssimo senhor Rilke [...], tivesse dirigido a mim uma daquelas muitas e tão maravilhosamente curativas palavras, que me alegrariam por toda a minha vida, eu deveria lhe ser igualmente grato, pois sou um daqueles que exigiram essa história do senhor. Então, obrigado, mil vezes obrigado!

Também as *Cartas que não chegaram até ele* só consegui ter tempo de ler aqui. Não encontrei no livro o que as pessoas elogiam tão insistentemente. Pessoalmente, a autora pode ser simpática, mas não me identifico com essa postura eminentemente passiva da heroína, esse perder-se sem limites diante de uma coisa que não é suficientemente importante para sacrificar uma vida humana em nome dela.

E ainda tenho o *Zaratustra* de Nietzsche aqui. Este é um livro com que não me acerto. Não consigo desenvolver nenhuma relação com esse pensador. Acontece até de capítulos inteiros de *Zaratustra* permanecerem incompreensíveis para mim. Não consigo imaginar nada ao ler essas palavras encadeadas quase que almejando um efeito pretensioso de surpresa e que, novamente sem muito critério (ou com pouca sensibilidade), são desperdiçadas em uma coisa, apenas para terem o mero efeito de construção artística com forma perfeita.

Mas é suficiente por hoje.

A noite está caindo, e não gosto de falar com o senhor, a quem tanto devo, com a atenção distraída.

Mas creia-me, prezadíssimo e caro senhor Rilke, que são única e exclusivamente a sua bondade e seu amor por mim que conseguem me aproximar de meu objetivo. Não se aborreça se me aproximo do senhor com as coisas mais comezinhas e se fujo para junto do senhor a partir de minhas tristezas.

Sei que *apenas* do senhor pode vir ajuda.

Mil vezes grato e saudações devotas de
Seu
FRANZ KAPPUS

De 30/8 a 16/9: Trenstchin, Hungria
Depois disso: Pozsony, caserna do hospital.
(Nesse caso, pediria que colocasse uma nota junto ao endereço, indicando novamente que deve ser reenviado a mim.)

19

RAINER MARIA RILKE
A
FRANZ XAVER KAPPUS

Furuborg, Jonsered, na Suécia, em 4 de novembro de 1904

Meu caro senhor Kappus,
    Nesse tempo que se passou sem carta, em parte estive viajando, em parte tão ocupado que não pude escrever. E mesmo hoje escrever está sendo difícil para mim, porque já tive que escrever muitas cartas, de modo que minha mão está cansada. Se pudesse ditar para alguém, eu lhe diria muitas coisas, mas por ora receba apenas poucas palavras pela sua longa carta.
    Penso muitas vezes no senhor, caro senhor Kappus, e com votos tão concentrados, que isso na verdade deveria ajudá-lo. Muitas vezes duvido que as minhas cartas de fato sejam de alguma ajuda. Não me diga: sim, elas são. Receba-as e sem muitos agradecimentos, e esperemos para ver o que virá.
    Talvez não adiante nada eu me debruçar agora sobre partes específicas das suas palavras, pois o que eu poderia dizer sobre a sua tendência à dúvida ou sobre a sua

incapacidade de colocar em harmonia a sua vida externa e interna, ou ainda sobre tudo que costuma afligi-lo normalmente, é sempre aquilo que já disse: é sempre o desejo de que o senhor tenha paciência suficiente dentro de si para suportar, bem como simplicidade suficiente para acreditar; que o senhor ganhe cada vez mais confiança no que é difícil e na sua solidão em meio aos outros. E, de resto, deixe a vida lhe acontecer. Acredite em mim: a vida tem razão, seja como for.

E quanto aos sentimentos: puros são todos os sentimentos que o senhor reúne e suspende; impuro é o sentimento que abarca apenas *um* lado da sua essência e o dilacera tanto. Tudo aquilo que o senhor conseguir pensar acerca da sua infância é bom. Tudo aquilo que faz *mais* do senhor do que o senhor foi em suas melhores horas está correto. Toda intensificação é boa se estiver em *todo* o seu sangue, se não for embriaguez, nem opacidade, mas alegria que se pode ver até no fundo. O senhor entende o que estou tentando dizer?

E sua dúvida pode se transformar em uma característica boa, se o senhor *a educar*. Ela precisa se tornar *cognoscente*, precisa se transformar em crítica. Pergunte a ela, todas as vezes que ela quiser estragar algo seu, *por que* algo é feio, exija provas dela, examine-a, e o senhor talvez a encontre desacorçoada e sem saber o que fazer, mas talvez também revoltosa. Porém, não ceda, exija argumentos e aja assim, com atenção e coerência a cada vez, e chegará o dia em que ela se transformará de uma destruidora em uma de suas melhores trabalhadoras – talvez a mais sagaz de todas que estão construindo a sua vida.

Isso é tudo, caro senhor Kappus, que consigo lhe dizer hoje. Mas lhe mando aqui em separata um pequeno poema, que agora foi publicado no *Deutsche Arbeit* de Praga. De lá, continuo falando com o senhor sobre vida e morte e que ambas são grandes e gloriosas.

Seu
RAINER MARIA RILKE

20

RAINER MARIA RILKE
A
FRANZ XAVER KAPPUS

Paris, 30 de agosto de 1908

O conteúdo não é de todo desconhecido, uma vez que um catálogo de leilão se refere a ele: "Rilke, por meio de um livreiro vienense, mandou devolver a Kappus os poemas em relação aos quais não conseguiu expressar aprovação, sem escrever a intencionada carta que os acompanharia". *Também conhecemos uma breve citação do texto da carta de 30 de agosto de 1908:* "Observe que até há pouco estive quase sempre em viagem, nem sempre me sentindo bem e, por fim, em meio ao trabalho implacável", *que são os motivos citados por Rilke.*

21 FRANZ XAVER KAPPUS A RAINER MARIA RILKE

Franz Xaver Kappus [impresso]
Crkvice.
Bocche di Cattaro,
Dalmácia do Sul.
25 de novembro de 1908

Prezadíssimo Senhor Rilke!

Não é acaso eu vir só agora lhe agradecer por sua carta de 30/8 com suas boas e amorosas palavras. Pois naquela época, quando recebi a sua carta, estive impossibilitado de responder. E depois também e nas últimas semanas também. Pois durante todo esse tempo estive trabalhando tanto em mim mesmo, pesando questões de existência e razão, que as minhas palavras – se as tivesse deixado chegar ao senhor nesses dias inquietos – nada seriam além do relatório fugidio de uma hora fugidia. Assim, posterguei o momento de minha resposta conscientemente para um dia posterior, que me daria mais concentração e também a capacidade de falar com o senhor, prezadíssimo Senhor, da forma que eu gostaria.

E permita-me dizê-lo logo de início: não havia necessidade de se desculpar devido ao descuido referente aos meus poemas. Justamente eu tenho em mãos tantas provas de sua benevolência que aquele pequeno acaso nada mudará na ilimitada gratidão que lhe demonstrarei enquanto eu viver. E, por favor, creia-me: a sua explicação da situação só fez crescer ainda mais a minha gratidão.

No decurso do último ano, nadei em meio a tantos erros e falsidades que as suas cartas e o suporte que o senhor me dá ganharam um significado abençoado, num sentido ainda maior do que até aqui. Tentei quebrar todas as pontes atrás de mim e desviar totalmente dos compromissos que corroíam e esgotavam a minha vida até um ano atrás. Nisso, acabei entrando ainda mais fundo na minha errância. Busquei as coisas com mãos cegas tateantes, coisas que se vingam quando delas queremos nos apoderar com violência e, por outro lado, novamente abusei e esmaguei no estrume aquilo que só pode ser um instrumento para algo mais elevado. Mas na batalha pelo pão de cada dia, não perguntei muito como nem o quê. Então, chegou o fim que eu deveria ter previsto: decepção e nojo em todas as frentes. Fiquei feliz por ainda ter uma possibilidade de refúgio, e sem restrição foi o que busquei.

Agora sou oficial de novo aqui no Sul, pouco antes da fronteira com Montenegro, sozinho com 30 soldados em um forte. Era meu desejo vir para cá, pois tive a sensação incerta de agora precisar da solidão com muito mais urgência que antes. E não me enganei. Aqui, onde à minha volta há apenas montanhas nuas, onde as tempestades rugem como animais e o *scirocco* e a *bora* se alternam na corrida de uivos em volta de uma casa, é aqui que vou me reencontrar, se isso ainda for possível. E foi aqui que, após longos meses, novamente me veio um verso à mente.

Diante de minha janela, uma árvore,
Que gira na tempestade como bandeira ágil.
Está tão firme e orgulhosa e mal sabe
Que suspeito de seu destino sério e difícil.

Lá longe balança o mar. As ondas espumam
E correm brancas e luzidias pra lá, pra cá...
A jovem árvore e eu são dois que sonham
Com teu esplendor, mar selvagem a se agitar!

Talvez seja ruim, não sei. Só posso dizer que me veio, como só as lágrimas nos vêm, ou profundas dores.

E agora, prezadíssimo Senhor Kappus, perdoe-me se voltei a me refugiar junto ao senhor com meus pequenos dramas e alegrias, mas não conheço ninguém com quem pudesse falar disso. E ninguém que seja mais bondoso e condescendente que o senhor.

Seu devoto em reverência,
KAPPUS

22

RAINER MARIA RILKE
A
FRANZ XAVER KAPPUS

Paris, 26 de dezembro de 1908

O senhor precisa saber, caro senhor Kappus, como fiquei feliz por ter essa bela carta sua. As notícias que o senhor me dá, verdadeiras e pronunciáveis como voltaram a ser, pareceram-me boas, e, quanto mais pensava nelas, mais as sentia como boas de fato. Queria lhe escrever isso para a noite de Natal, mas, devido ao trabalho que neste inverno me consome muito e ininterruptamente, a velha festa acabou chegando tão rápido que mal tive tempo de comprar o que era necessário, o que dizer então da escrita.

Mas pensei no senhor muitas vezes nesses dias de festa e imaginei como o senhor deve estar em silêncio em seu forte solitário em meio às montanhas vazias, sobre as quais se jogam aqueles grandes ventos do Sul, como se quisessem devorá-las em grandes pedaços.

O silêncio em que tais ruídos e movimentos têm espaço deve ser imenso, e quando pensamos que, além disso, tudo ainda se acrescenta a presença do mar distante que ressoa junto dele, talvez como o mais íntimo dos sons nessa harmonia pré-histórica, então podemos apenas desejar ao senhor que, com confiança e paciência, permita que essa grandiosa solidão opere no senhor, ela, que não poderá mais ser riscada da sua vida; ela, que, em tudo o que o senhor ainda terá a vivenciar e a fazer, continuará sendo influência anônima e atuará de forma silenciosamente decisiva, mais ou menos como o sangue de nossos antepassados, que se move em nós incessantemente, unindo-se ao nosso próprio e formando um só, não repetível, que somos a cada virada de nossa vida.

Sim: estou feliz com o fato de o senhor ter consigo agora essa existência firme, dizível, esse título, esse uniforme, esse serviço, em tudo palpável e delimitado, que em tais ambientes assume seriedade e necessidade, com uma equipe isolada e não numerosa, que para além do aspecto brincalhão e vagaroso da profissão militar significa uma aplicação alerta e que não só permite uma atenção autônoma, mas literalmente a educa. E o fato de nos encontrarmos em situações que operam em nós, que de tempos em tempos nos colocam diante de coisas naturais grandes, é tudo que é necessário.

Também a arte é apenas um modo de viver e, vivendo de alguma forma, sem saber, podemos nos preparar para ela; em tudo que é real estamos mais próximos e mais avizinhados dela que nas profissões semiartísticas que, espelhando uma falsa proximidade da arte, na prática acabam por negar e atacar a existência de toda a arte, como fazem praticamente todo o jornalismo e quase toda a crítica e três quartos de tudo que se chama e quer se chamar literatura. Estou feliz, em suma, que o senhor tenha sobrevivido ao perigo de entrar nisso, e que em algum lugar de uma realidade áspera o senhor esteja solitário e corajoso. Que o ano vindouro o mantenha assim e lhe dê forças.

Sempre seu,
R. M. Rilke

23 FRANZ XAVER KAPPUS A RAINER MARIA RILKE

Crkvice.
Bocche di Cattaro,
Dalmácia do Sul.
5 de janeiro de 1909

Prezadíssimo Senhor Rilke!
    Sua carta com toda a sua sabedoria bondosa encontrou-me perto da virada do ano como sendo a mais alegre nova. Ela chegou num momento em que estava quase sem coragem e me sentia como que rejeitado pelo mundo que ruge lá fora. Pois os feriados tiraram-me muita coisa e nada deram em troca, pelo menos nada no momento. Ainda me levaram mais fundo em minha solidão, onde fico tão amedrontado. Mostraram-me que na verdade não há festas além daquelas que preparamos para nós mesmos. Que precisamos dissolver todas as ligações com as pessoas se quisermos viver a nossa própria vida. E que esta vida vai sempre continuar sendo uma batalha, uma batalha contra aquele mundo tão carregado de alteridades e ancestralidades, e que os longos anos de uma existência humana podem passar antes de terminarmos o derradeiro. E aí precisamos ir morrer. E foi em meio

a essas percepções dolorosas que chegou a sua carta, a partir da qual pude me reerguer novamente, e que fala comigo como se o senhor soubesse exatamente do que eu precisava. E agradeço-lhe por isso, prezadíssimo senhor Rilke, desta vez, como sempre e de todo o coração por sua bondade ilimitada.

E se eu puder continuar lhe falando de mim, preciso dizer que tenho a sensação de estar diminuindo dia após dia. É tanta coisa que me vem e me assola de novo a cada hora, como se fosse uma crítica velada, que mal sei por onde começar. Acrescente-se a isso o medo de aborrecê-lo e deixar a impressão de abusar de sua boa vontade e da condescendência que o senhor sempre tinha a postos para mim. O fato de, mesmo assim, eu me refugiar com minhas aflições junto ao senhor talvez seja uma comprovação de quão intensamente eu acredito na força abençoante com a qual o senhor sempre sabe me conduzir para coisas profundas e eternas.

Uma coisa me martiriza, mais que todas as outras: eu escrevi e escrevo muitas coisas que não *preciso* escrever. Que não nasceram em meu coração e nunca descem para a região de onde tudo deve nascer. São histórias curtas e bobas, em geral humorísticas ou satíricas, das quais participa apenas meu intelecto. Esse trabalho me ajuda a superar as horas que do contrário ficariam vazias, horas turvas e sem cor. Primeiro comecei com esse trabalho para ganhar dinheiro, depois mantive o hábito para criar a consciência de ter realizado um trabalho. Agora lhe pergunto, prezado senhor Rilke: essa é uma atitude ruim de minha parte? Ou será que posso mantê-la, como mais um recurso para delimitar claramente a minha vida em todas as direções, com deveres normatizados? Veja, pensei muito nessa questão. E quando me caiu nas mãos o livro de Carlyle, *Trabalhar e não desesperar*, quase acreditei estar certo. Mas aqui, onde meço tudo a partir de padrões grandes, fui acometido novamente pelo temor de estar fazendo algo errado. Como, de resto, tudo que quero começar de forma séria e implacável aqui, acaba correndo perigo de se estilhaçar devido à rigidez e à soberania da natureza que me cerca. Conheço dias em que cada hora grita nos meus ouvidos: "Homem, você e a sua vida não são nada! Não importa o que você realize, pois isso não seria nada diante da eternidade e suas leis! O que o mundo perderia, e o cosmos, se você não existisse?". Nesses dias eu ando por aí com uma tristeza no coração, que quase me obriga a chorar de novo. Então, sinto a solidão como uma maldição.

E depois, em segundo lugar: eu sei tão pouco. Na escola, não aprendi quase nada, por teimosia. Talvez por uma imaginada maturidade precoce. Bem, como quero voltar a trazer isso tudo, não sei direito por onde começar e onde posso continuar construindo. A multiplicidade de coisas e o imensurável, cuja posse eu desejo, estão diante de mim imóveis e quase como inimigos. Então, fica difícil tomar sozinho a decisão robusta quanto ao início. Pois nos momentos em que se trata de agir, desde sempre tenho no sangue um cansaço doentio, uma hesitação e uma reticência sem limites. Seguem-se então batalhas silenciosas que me consomem e que, no entanto, têm muito pouco de frutífero.

Mas o que mais me assola é o fato de eu pensar em uma mulher que foi e talvez ainda hoje seja tudo para mim. Esse amor me martiriza dia e noite, me ataca pelas costas e me chicoteia de uma inquietação para a outra. Não consigo me livrar dele, por mais força que eu use. Ele me assombra em meus sonhos e me sufoca como uma roupa muito apertada. À noite, ele sobe pelas minhas têmporas e tinge todas as coisas de um vermelho sangue. E muitas vezes não acho outra solução senão sair correndo para a escuridão e com meus cães atravessar as tempestades que uivam em volta das montanhas. Esse amor me é odioso e o combato como a um inimigo. Mas ele sempre volta e me encontra tão solitário que toma posse ávida de meu corpo e de minha alma. Sua história não é comum, mas banal o suficiente para ser contada com relutância. Ela é breve: conheci a moça em Viena, ela estava se preparando para uma carreira na ópera. Vivemos juntos por um ano. Depois a obrigaram a se casar com um homem em Constantinopla. Ela fugiu de lá, indo se encontrar primeiro comigo, e depois – quando parecia também estar sendo ameaçada – foi para a Itália, e de lá para os Bálcãs, sempre como cantora de ópera, lutando pela existência, e finalmente encontrando a paz em Nova York, distante das perseguições dos parentes. Ela vive lá há um ano e trabalha em palcos ingleses, trabalhando também "para não se desesperar".

    Desculpe por lhe apresentar essa história, mas o senhor precisa conhecê-la para entender o ódio com que combato esse amor. E eu o combato porque ele em tudo remete ao passado e porque está diante de um futuro do qual nada pode esperar. E se agora o senhor pensar em minha solidão e em todas as lembranças entretecidas aí, o senhor talvez compreenda que tudo isso muitas vezes se infla dentro de mim como um tufão, e não tem nada em comum com o amor infeliz no sentido corriqueiro. E compreenderá que isso pode se transformar em uma aflição de força ancestral, ameaçadora como qualquer horror.

Por fim, mais um pedido: o senhor poderia me indicar, prezadíssimo senhor, o livro de um escritor francês que eu possa ler lentamente e com grande benefício? Um livro que talvez contenha narrativas simples e profundas e que também me traga vantagens em relação ao idioma? Quero lê-lo no original, página por página, como terei mesmo que fazer, pois o idioma não me é familiar.

E, por favor, receba a minha gratidão, novamente e sempre, pelo bem que o senhor já me fez. E desculpe-me por uma coisa ou outra que tenha sido dita em excesso nesta carta. Na grande solidão em que vivo, justamente as coisas ganham significado e dimensão, que lá fora, no cotidiano e em meio ao barulho dos outros, desapareceriam sem deixar rastros.

Sempre as suas palavras estarão à minha volta.

Seu
Devoto em reverência grata,
KAPPUS

POEMAS DE FRANZ XAVER KAPPUS

Há uma canção

Há uma canção que eu nunca ouvi
E que ainda ressoa em meu ouvido...
Que tantas vezes me embalou no sono
E muitas vezes me emocionou

A partir de minha mais profunda e silente solidão
brota rico e branco-prata o seu som,
e todo anseio repousa neste canto,
e todo sofrimento...

Tu, jovem criança! Também o teu anseio atrai
Para longe, onde no sopro da manhã
sonha uma ilha silenciosa... Também a ouves,
a canção branca?

No meu sangue

No meu sangue há algo da grandeza
do povo que ainda não tem rei,
e algo da branca tez brilhante
de cidade-mármore apenas semierguida.

E meus sonhos são como belas mulheres,
que têm um anseio como um mar,
e olhos que me veem contos azuis,
e mãos pesadas de aros de ouro.

E sobre os meus atos repousa a espera
por uma bênção, que plena de brasa clara,
tal como na primavera sobre um jardim
que sabe que repousa força em seu colo.

Aranka

Quando com passos sem som
andas no tapete de veludo,
treme ali uma sutil lembrança
como um pecado que confessas.

Em teus olhos então há um brilho
de horas que são imortais.
Tuas mãos tremem. Elas confessam
anseios nos quais tua vida escorre.

Deve ter sido um dia de verão
em que se chamava "realização",
onde estava o mundo de teus desejos,
teu paraíso iluminado.

Desde então não encontraste tempo
nem caminhos para felicidade recente...
Sorris e sonhas com olhar reluzente
com as horas felizes d'antanho!

   Folha anexada com três poemas que acompanham
      as cartas a Rainer Maria Rilke

A Leopardi

Se em mim não amadurece em ação a ideia
que me acompanha qual demônio sombrio,
para quebrar a cancela dessa existência árida
com mão forte, que conduz seu destino ela mesma:

Então, Leopardi, que as tuas canções
levem minha alma cansada até Orkus.
Então que ressoe trêmulo em meu coração
teu belo canto, pleno de lamentos solenes e escuros.

Então, com suavidade macia e plena de soberania,
que venha teu espírito diante de mim como uma deidade,
então, com a tua palavra, diante de tua imagem
do nascido enfermo, rezarei melodias de luto!

O que no universo é minha fraca vida humana?
Nada além de sombra pálida, de um fantasma!
Um momento de luxúria a deu a mim,
Um momento de luxúria pode tomá-la de mim!

Anexo de uma carta de Franz Xaver Kappus a
Carl Busse, Wiener Neustadt, 15 de janeiro de 1903,
Biblioteca Pública de Berlim, espólio de Busse VII

SUPLEMENTO CULTURAL

Noite de Ano-Novo na fronteira
Franz Xaver Kappus

O dia estava cinza, desde a manhã até a noite. Ele veio sem sol e foi dormir sem sol. Suas horas se amedrontaram diante de tanta falta pálida de cor em volta: do tom crepuscular abafado das rochas e do branco opaco das nuvens, penduradas rijas e sem forma nos paredões que envolviam os cumes e encobriam os vales como travesseiros de neblina revirados. Sua melodia era o murmúrio triste da chuva e o zumbido baixo dos bilhões de gotas que nenhuma terra agradecida sorvia, nem tampouco um solo fértil – que apenas precisavam escorrer de pedra em pedra, sempre em frente, sempre em frente em direção ao mar. E quando de repente se fez noite, em poucos instantes e sem transições noite, de uma vez subiu uma tempestade, em ondulação e rugido berrantes vindos do Sul, um chocalho e estouros sibilantes: o *scirocco*. Ele tomou a chuva cantante em sua mão cerrada e, com um gesto majestoso, a jogou nas encostas, de modo que da pedra dura em todo lugar brotavam cachoeiras, despencando ruidosamente em disparada. Ele caçava as nuvens sonhadoras como se fossem uma manada de animais, que embaralhava e jogava raio e trovão no meio delas. E acelerava o passo nas margens, escalava os caminhos mais íngremes e se lançou nas profundezas do outro lado com um único e terrível salto.

Agora seguimos com ele. Ele está nas nossas costas e não quer que fiquemos parados. Ele corre em disparada passando por nós e grita em nosso ouvido suas palavras de escárnio. Mas nós precisamos escalar calmamente e devagar, passo a passo, pois o solo embaixo de nós é traiçoeiro e inseguro como uma ponte oscilante. Os pedaços de rocha com arestas cortantes estão unidos de forma solta, aquele pouco de terra que os unia desce acelerado com a água debaixo de nossos pés até o vale. E na nossa frente e do nosso lado não há isso ou aquilo, há apenas trevas encolhidas, espreitando a presa.

Os companheiros lá em cima na guarita já devem estar impacientes. Devem estar contando os minutos e aguçando os ouvidos mil vezes para dentro da noite que grita. Talvez também chamem, tendo apenas respostas dos ventos, da tempestade que lhes rouba os sons dos lábios e escarnece de sua impotência infantil. O tempo passará sorrateiro por eles, e, em suas vestes ensopadas, eles vão concentrar-se em uma massa sem forma, para melhor suportar o tufão. E vão esperar... esperar...

Nesse meio-tempo, chegamos cada vez mais perto. O *scirocco* chicoteia grãos de gelo e flocos aguados de neve que vão parar em nossa nuca e enrola as longas capas de chuva em volta de nossos membros. Quanto mais alto subimos, mais grave fica sua voz, mais impactante seu rugido, mais séria sua ameaça. De todos os lados um eco, e nas rochas, que não conseguimos ver, ele se quebra e termina de ecoar lá longe, nas montanhas de Montenegro. Mas em meio a elas o som – audível apenas para nós – da nossa respiração curta e quente, em golpes, e o leve tilintar das nossas armas.

Enfim chegamos ao topo. Atravessando a escuridão pesada diante de nós, vem batalhando seu caminho um fino cone de luz vindo de um lugar qualquer – devem ser os camaradas que viemos render. Depois de poucos passos nos chama um dos vigias: estamos com eles. Entre duas enormes saliências rochosas estão espremidos perto do paredão de calcário, de pé e em silêncio. O jovem tenente, mal saído da Academia, tira a lanterna da mão de um deles e me puxa um pouco de lado. Com o braço esticado, aponta para a escuridão gritante. Sei o suficiente. Ali passa a fronteira e, atrás dela, a linha das sentinelas inimigas. Em seguida, me diz palavras breves, de orientação. Sua voz hoje está muito estranha. Talvez por ter que gritar mais alto que a tempestade e já estar moído pela persistência de horas ali, em meio à solidão tonitruante. A cada lufada de vento, a pequena lanterna bruxuleia mais forte, como o olho sem brilho de um moribundo. Duas luzes estreitas e tremeluzentes por um segundo lambem-lhe o rosto em sobrevoo. Uma lividez resignada está em seus traços. E apenas a água escorre sobre as faces suaves de menino. Ele quer eliminá-la com a manga do sobretudo, mas volta sem parar. Quando me estende a mão em despedida, ele chega bem perto de mim. "Feliz Ano-Novo...", diz ele, e no tom dessas palavras há algo que atinge meu coração. "Boa sorte!", retruco e olho brevemente o seu rosto. Mas ali nada se move, nenhum músculo. Mesmo assim, sei que a chuva levou com ela algumas lágrimas...

O punhadinho de soldados desce cambaleante pela encosta, as cabeças esticadas à frente para dentro das trevas, e os pés buscando cuidadosamente pontos de apoio no solo que escorre e rola. Agora eles têm o *scirocco* contra eles e devem ter que parar aqui e acolá e resistir com o corpo com toda a força àquela ira crepitante. E precisam puxar o sobretudo bem junto ao corpo para que ele não se infle como uma vela, varrendo-os todos com o vento para dentro da escuridão, descendo por algum abismo ou voltando aqui para cima para junto de nós.

E agora estamos completamente sós, sós com o vento. Ele troveja e troveja e não quer se acalmar. Como um pássaro selvagem gigante, ele mergulha lá de cima para dentro de nosso nicho de rocha, vem lambendo os paredões e nos gira em redemoinho louco em volta de nós mesmos. Mas os raios que voam sobre as montanhas, por um breve momento, tiram toda a paisagem de dentro de sua profunda concentração. Eis que reluzem de repente as placas rochosas cinzentas como grandes testas pálidas e resplandecem os blocos confusos com suas costas poderosas lavadas, gigantes atravessando a noite.

Um novo ano vem chegando... E estamos aqui com frio em meio à tempestade. As pessoas e a cultura, o agito ondulante das cidades e seu sobe e desce barulhento, a pressa do crescimento, do devir e do passar, a caça por alegrias e a embriaguez por prazeres: tudo isso agora está bem longe, distante, em algum lugar lá fora no mundo. E só as montanhas estão em nosso entorno e as nuvens prenhes de desgraça e a tempestade. Como que retirados do tempo por uma onda forte e suspensos por ela até a solidão dessas rochas sem brilho, colocados bem no meio das tormentas dessa noite gritante – é assim que estamos: quase atemporais e sem conexão com as coisas que preenchem os dias da existência.

E do outro lado está o adversário. Como nós, ele ouve o *scirocco* uivar em volta dos picos e varrer o topo das cristas, como um monstro enlouquecido. Como nós, ele sente as gotas agora tornadas gelo como picadas ao baterem no rosto e depois escorrendo em riachos frios pelas costas. O adversário que não é adversário. Que parece ao mundo apenas bom o suficiente para alimentar seus jornais satíricos com ilustrações divertidas, suas operetas com figurinos deslumbrantes e papéis gratificantes em charges. O adversário que nos provoca sorrisos e diante de quem damos de ombros. E não acreditamos nele quando diz que qualquer dia vai ficar séria a coisa, e a quem os redatores de suplementos culturais achincalham com a ferramenta barata de suas piadas. Cujos recursos de luta à noite são contados nos dedos tomando uma cerveja, comparando-os aos reservatórios inesgotáveis do nosso próprio exército, num ato de autossatisfação; o adversário que nada pode contra nós.

Mas nós, que estamos deitados na fronteira a poucos quilômetros dele no barulho da noite, que o conhecemos e vimos milhares de vezes, ele e sua determinação fria

– nós pensamos diferente. Para nós é indiferente se atrás de seus vigias ele tem centenas ou milhões prontos para a luta, ou se usa armas do século passado ou metralhadoras: nós vemos nele apenas o inimigo que quer a nossa ruína. O que fala aqui são os fatos. Aqui estamos nós, um punhado de soldados, e lá está ele. Por mais ultrapassado que seja o seu sistema, por mais que a engrenagem de seu Estado pareça ridícula – aqui, nesse pedaço de terra, as chances são iguais. Nossas armas de repetição são armas terríveis, mas aqui, em meio às trevas ruidosas, as espingardas antiquadas e compridas do adversário se equiparam às nossas. Nossas baionetas são afiadíssimas, mas a cimitarra que o montenegrense traz no cinto não tem uma lâmina menos perigosa. Estamos atentos como linces, à espreita, mas ele também olha vigilante para a escuridão e ausculta a tempestade com seus ouvidos, ele que conhece desde a infância esse brado enlouquecido. Somos corajosos e tomados por sede ardente de luta, mas ele tem sede de sangue e se deleita com o prenúncio de crueldades inauditas. Nós queremos cumprir nosso dever, nosso dever até o último suspiro, mas ele quer assassinar e massacrar os nossos mortos.

E sempre o *scirocco* enlouquecido ali. Ora mais forte, ora mais fraco, por vezes com golfadas breves e desesperadas e com ataques preparados com maior amplitude e mais longas. Por vezes ele nos ataca como se fossem cem adagas de ponta de agulha, e outras vezes nos abraça e nos aperta contra seu corpo desfraldado, de modo que cremos sufocar. Só às vezes, muito raramente, ele para por meio segundo, fica em algum lugar à parte, encolhido em um desfiladeiro, ou então esfrega o peito nas rochas distantes. Então fica mais silencioso à nossa volta, por um instante, mais silencioso. E só lá do mar ecoa o revirar selvagem das ondas, intumesce e morre no momento seguinte, na loucura da tormenta, que voltou a se levantar e agora bate com força redobrada nas encostas e corre acelerada sobre baixadas e altitudes.

Isso já dura alguns meses. A cada dois dias, ocupamos o nosso posto de vigilância, rendemos nossos camaradas que já aguardam e somos rendidos por outros. E é sempre a mesma imagem, o mesmo cenário, mesmo que os efeitos do diretor sejam sempre outros. Bebemos a luz risonha do sol de outono, vimos o mar se iluminar no fim de tarde como seda em brilho suave, resistimos ao *bora* e sentimos o *tramontana* vindo do Norte roendo os nossos membros, como hoje faz o *scirocco* vindo do Sul. E sempre a alguns poucos milhares de passos do inimigo, do outro lado. Sempre numa tensão extrema, sempre dispostos a atacar a qualquer instante – e sempre decepcionados de novo. Nossos nervos atravessaram uma única sensação longa e extenuante, estão esfiapados e gastos pela infinita espera por uma descarga, que não quer chegar. Assim, vivemos aqui em um estado que não é nem de guerra, nem de paz, mas pior que ambos. É assim que estamos aqui todo dia e toda noite. Com as armas prontas para dispararem e as espadas soltas na bainha. O dedo indicador no gatilho, o inimigo à nossa frente – e mesmo assim sem a autorização de apertar o gatilho. É assim que lutamos a cada hora que vem e que passa uma luta silenciosa e terrível. Uma luta que corrói o nosso corpo como um veneno sorrateiro, que revira cada fibra do nosso corpo e o chicoteia, e para a qual não acenam medalhas nem honrarias.

E a Europa sorri. Enreda-se satisfeita em suas conjecturas e observações e confia na alta política, que não tem medo de ter deixado algo escapar. Se não for hoje, será amanhã, alguma hora será tomada a decisão. A Europa tem tempo. A Europa está sentada tranquila à mesa tomando café, de manhã, e se satisfaz com as palavras de efeito tonitruantes de tagarelas chatos. E curte o correr dos acontecimentos, como um capítulo de um romance barato que se deixa de lado com um bocejo quando o suspense diminui. Entrementes, aqui embaixo, algumas centenas de soldados sangram à sua moda pela pátria, não são menos valentes que todos os outros que estiveram em meio ao granizo de balas e às nuvens de pólvora, sofrem e sangram em silêncio, sem que alguém saiba – heróis sem fama.

Um novo ano vem chegando... A meia-noite passou, e a tempestade continua uivando como uma matilha de lobos feridos de morte. E a chuva cai com força sobre nós como um feixe de lanças chispantes. Mas nós estamos aqui quietos e pacientes e fitamos as trevas com olhos febris. E com dentes cerrados recalcamos o sentimento que quer se levantar no peito, para perguntar, como um alerta: "Por quanto tempo mais... quanto tempo...?".

Em algum lugar lá fora, bem longe daqui, algum lugar em que haja pessoas, pessoas alegres, felizes, esta noite deve soar novamente com sons de júbilo e tilintar de taças. Em algum lugar lá fora no mundo, nesta hora centenas de milhares de pessoas se abraçam rindo e sem preocupações, não sabendo como é difícil levar um ano até o seguinte.

Artigo de jornal, enviado como anexo às cartas a Rainer Maria Rilke, em página impressa: Franz Xaver Kappus. *Neujahrsnacht an der Grenze.* [A noite de Ano-Novo na fronteira]. *In:* Danzer's Armee-Zeitung, ano 14, n.1 (7 jan. 1909), p. 11-12.

NOTAS

Academia Militar em Wiener-Neustadt] A Academia Militar foi fundada em 1751 pela Imperatriz Maria Theresia e serviu para formar oficiais das tropas da Monarquia Austro-Húngara.

Horaćek, Padre da Academia] Professor Franz Horaćek (1851-1909), padre católico, desde 1881 professor de religião no Colégio Militar de St. Pölten, desde 1901 na Academia Militar Theresiana em Wiener Neustadt.

Colégio Militar em St. Pölten] Por ser um desejo de seus pais, Rilke foi aluno do Colégio Militar em St. Pölten (1886-1890).

Continuar estudando em Praga] Rilke deixou o Colégio Militar em Mährisch--Weisskirchen em junho de 1891, cursou brevemente a Academia de Comércio em Linz (setembro de 1891 – maio de 1892) e, por fim, com ajuda financeira de seu tio Jaroslav Rilke e através do ensino privado, conseguiu se formar no ensino médio (*Matura*) em Praga, em julho de 1895.

Mir zur Feier] Rainer Maria Rilke: *Mir zur Feier*, Berlim, 1900. A coletânea de poemas (119 páginas) foi publicada no Natal de 1899, com arte decorativa de Heinrich Vogeler, editada por August Sauer (Praga).

Rilke considerava os poemas desse volume como os primeiros que
podiam perpetuar.

da primeira à última linha] Mais tarde, Kappus descreve o recebimento
da carta como episódio na chamada dos candidatos a oficial: "A voz
de comando do oficial da Companhia arrancou Kappus de seus sonhos. 'Coloque isso no bolso e volte à fila!'". U.B.: Correspondência
com Rainer Maria Rilke. *In: Welt am Sonntag*. Edição Berlim, ano 8,
n. 47 (20 de novembro de 1955), p. 17.

1. KAPPUS A RILKE, FIM DO OUTONO DE 1902

2. RILKE A KAPPUS, 17 DE FEVEREIRO DE 1903

17 de fevereiro de 1903] O casal Rilke morava na Rue de l'Abbé de l'Epée, n. 3.

'Minha alma'] Não encontrado.

'A Leopardi'] O poema (cf. p. 91) foi enviado por Kappus também em outras
solicitações. Giacomo Leopardi (1798-1837), poeta italiano, conhecido
pelos seus *Canti*. Rilke anotou em um volume da *Poesia* de Leopardi:
"Paris, maio de 1903".

Sua solidão] Solidão como forma de vida indispensável para artistas foi
algo apreciado por Rilke pela primeira vez em estada com o casal
inglês Robert Browning (1812-1889) e Elizabeth Barrett Browning
(1806-1861). Numa conversa sobre a troca de correspondência, foi
Ellen Key (julho de 1903) quem chamou a atenção de Rilke para o fato.

3. KAPPUS A RILKE, 24 DE FEVEREIRO DE 1903

24 de fevereiro de 1903] Kappus morava na Academia Militar Theresiana.

enviar meus esboços poéticos] Em 15 de janeiro de 1903, Kappus tinha se
dirigido ao poeta Carl Busse e também lhe mandara uma seleção de
poemas. Após uma resposta evasiva, Kappus retomou o assunto em
outubro de 1905.

Heine] Heinrich Heine (1797-1856), poeta alemão. Como poeta de Praga, Rilke escreveu o poema satírico "De novo, Heine" (1894).

Wedekind] Frank Wedekind (1864-1918), escritor alemão. Rilke notou-o no período em que esteve em Munique (1897).

Weisskirchen] Em 1º de setembro de 1890, Rilke foi aprovado no exame de admissão do Colégio Militar de Ensino Médio em Mährisch-Weisskirchen, de onde foi dispensado em 3 de junho de 1891 devido a "constante enfermidade".

4. RILKE A KAPPUS, 5 DE ABRIL DE 1903

Viareggio] Em março/abril de 1903, Rilke esteve em Viareggio, perto do Mar Tirreno, para descansar, local que já havia visitado na primavera de 1898 (*Diário de Florença*).

Já tinham me ajudado] A cidade de Viareggio fica na Costa da Ligúria, do Mar Tirreno. Rilke remete aqui à sua estada na primavera de 1898.

Jens Peter Jacobsen] Jens Peter Jacobsen (1847-1885), poeta dinamarquês. Jakob Wassermann tinha chamado a atenção de Rilke para esse autor em 1896.

J. P. Jacobsen] Jens Peter Jacobsen: *Sechs Novellen* [*Seis novelas*]. Tradução autorizada do dinamarquês por Marie von Borch. Leipzig: Philipp Reclam, jun. 1891 = [Coleção] Universal-Bibliothek 2880.

Niels Lyhne] Jens Peter Jacobsen: *Niels Lyhne*. Tradução autorizada do dinamarquês por Marie von Borch. Com uma introdução biográfica de Theodor Wolff. Leipzig: Philipp Reclam, jun. 1889 = [Coleção] Universal-Bibliothek 2551.

Auguste Rodin] Auguste Rodin (1840-1917), escultor francês. Após transferir-se para Paris (1902), Rilke foi seu secretário particular até 1906.

5. KAPPUS A RILKE, 15 DE ABRIL DE 1903

prefácio estético-biográfico-crítico] escrito por Theodor Wolff (1868-1943), jornalista e crítico berlinense.

da avaliação do autor daquele ensaio] "Um pequeno esboço, em que a predileção pela pintura da natureza entretecida por criações atmosféricas é ampliada, chegando mesmo à afetação." Theodor Wolff na introdução de *Niels Lyhne.*

Dehmel] Richard Dehmel (1863-1920), escritor alemão, próximo ao Naturalismo. Seu poema *"Venus Consolatrix"*, no volume *Weib und Welt* [*Mulher e Mundo*] (1896), provocou reações ofensivas.

6. RILKE A KAPPUS, 23 DE ABRIL DE 1903

apenas 5 ou 6 marcos por volume] Jens Peter Jacobsen: *Novellen. Briefe. Gedichte.* [*Novelas. Cartas. Poemas*], traduzido do dinamarquês [para o alemão] por Marie Herzfeld, poemas de Robert F. Arnold. Com arte decorativa na capa de Wilhelm Müller-Schönefeld. Leipzig: Eugen Diederichs, 1899 – Obras Completas, v. 1. Jens Peter Jacobsen: *Frau Marie Grubbe. Interieurs aus dem siebzehnten Jahrhundert.* [*Senhora Marie Grubbe, Interiores do século dezessete*]. Traduzido do dinamarquês [para o alemão] por Marie Herzfeld. Com arte decorativa na capa de Heinrich Vogeler, Leipzig, 1902 – Obras Completas, v. 2. Jens Peter Jacobsen: *Niels Lyhne.* Traduzido de dinamarquês [para o alemão] por Marie Herzfeld. Leipzig: Eugen Diederichs, 1902. = Obras Completas, vol. 3.

Paciência é tudo!] Provavelmente tradução de uma fala de Auguste Rodin: "*Il faut travailler, rien que travailler Et il faut avoir patience*". Rilke cita-o numa carta a Clara Rilke de 5 de setembro de 1902.

que conheço superficialmente] Rilke conheceu Richard Dehmel no fim de janeiro de 1898 e inicialmente ficou impressionado com os seus versos.

7. KAPPUS A RILKE, 2 DE MAIO DE 1903

bons pais e uma irmã] O pai, senador Ernst Kappus (1883-1941), inicialmente foi secretário do Tabelião Municipal em Timişoara, depois ocupou diversos cargos, organizou o seguro-saúde previdenciário e foi Juiz-Geral e Gestor de Segurança Pública. Franz Kappus tinha uma irmã, que se casou na Hungria.

Livro das imagens [*Das Buch der Bilder*] Rainer Maria Rilke: *Das Buch der Bilder*, Berlim, 1902.

guarnição será Viena] A maior parte do 72º Regimento de Infantaria, ao qual Kappus deveria ser encaminhado, estava sediada na Caserna do Heumarkt,[2] no Rennweg.

Paul Verlaine] Paul Verlaine (1844-1896), poeta do Simbolismo francês.

(Editor Stephan Zweig)] *Gedichte von Paul Verlaine. Eine Anthologie der besten Übertragungen.* [*Poemas de Paul Verlaine. Uma Antologia das melhores traduções*], editada por Stefan Zweig. Berlim e Leipzig, 1902.

8. KAPPUS A RILKE, 2 DE JULHO DE 1903

Uma travessura judaica [*Ein Judenstreich*]. Hermann Heyermans: *Ein Judenstreich* [*Uma travessura judaica*]. Única tradução autorizada [para o alemão] de Regina Ruben. Viena e Leipzig: Wiener Verlag, 1903.

Cortina d'Ampezzo] Já naquela época, um famoso destino de férias em meio às montanhas Dolomitas austríacas.

Niederdorf no Vale Puster] Local turístico no Tirol do Sul.

Landro] Höhlenstein, um lugarejo perto de Toblach, no Tirol do Sul.

Sexten] Comunidade na parte leste do Tirol do Sul.

---

2 Antiga praça da feira de comércio do feno. (N. T.)

Bruck-Fusch] Na região de Salzburgo, localizado aos pés da montanha Grossglockner.[3]

9. RILKE A KAPPUS, 16 DE JULHO DE 1903

Worpswede] Rilke esteve hospedado com Clara por dois meses na casa de Heinrich Vogeler. Ele vinha se recuperando bastante devagar da *influenza* e estava muito preocupado com sua sobrevivência material.

10. KAPPUS A RILKE, 29 DE AGOSTO DE 1903

seguro-saúde distrital] O pai de Kappus tinha adquirido um palacete às margens do rio Bega para o seguro-saúde previdenciário.

Auguste Rodin] Rainer Maria Rilke: *Auguste Rodin*. Berlim, 1903. O volume ilustrado foi publicado em março de 1903.

Burgueses de Calais] "Monument des Bourgeois de Calais" (1895), grupo de esculturas de Auguste Rodin.

Michelangelo] Michelangelo Buonarotti (1475-1564), pintor, escultor, arquiteto e poeta do Renascimento italiano.

Dürer] Albrecht Dürer (1471-1528), pintor e artista gráfico de Nurembergue.

a grande frase de Rousseau] Jean-Jacques Rousseau (1712-1778), escritor, filósofo e pedagogo de Genebra, cunhou o lema "De volta à natureza!".

e com este livro] Franz Xaver Kappus, Edmund Glaise von Horstenau: *Im mohrengrauen Rock. Heiteres aus dem Leben der Künftigen.* [*No fraque cinza-mouro. Cenas divertidas da vida dos vindouros*]. Viena, 1903. Os dois autores tinham feito publicar o livro em agosto, no dia de sua retirada do serviço militar. Tratava-se de oito cenas militares humorísticas ilustradas.

---

3 A montanha mais alta da Áustria. (N. T.)

11. RILKE A KAPPUS, 29 DE OUTUBRO DE 1903

Florença] O casal Rilke esteve em Veneza de fins de agosto até 9 de setembro, e em seguida em Florença.

Em Roma encontramos] Chegaram a Roma em 10 de setembro. Enquanto Clara Rilke foi morar em um ateliê e casa na região da Villa Strohl--Fern, no lado ocidental do parque da Villa Borghese (Pincio), Rilke foi morar na Via del Campidoglio 5.

a de Marco Aurélio] A estátua antiga, de dimensões sobre-humanas, do imperador romano Marco Aurélio.

escondido de seu ruído e acaso] No início de dezembro de 1903, Rilke mudou-se para o Studio al Ponte, que se situava sobre um arco da ponte no parque da Villa Strohl-Fern.

o livro anunciado em sua carta] Supostamente: Franz Xaver Kappus, Edmund Glaise von Horstenau: *Im mohrengrauen Rock*. [*No jaquetão cor de chumbo*]. Viena, 1903.

12. KAPPUS A RILKE, 28 DE NOVEMBRO DE 1903

Pozsony] Nome húngaro da cidade, em alemão: Pressburg. De 1783 a 1848 foi capital do Reino da Hungria. Após 1867, passou a ser parte da "Alta Hungria" e da parte húngara da dupla monarquia, [o Império Austro-Húngaro] hoje: Bratislava, capital da Eslováquia.

Batalhão [...] do Regimento] Kappus foi designado como tenente para o Regimento de Infantaria real e imperial [*k.u.k.*] (húngaro) *Freiherr von David* n. 72. Essa tropa de batalha formada em 1860 era composta de várias nacionalidades: 20% de alemães, 28% de magiares, 51% de eslovacos. Consequentemente, as línguas faladas no Regimento eram: alemão, húngaro, eslovaco. O comando regional complementar e o quadro do batalhão reserva estavam sediados em Pozsony. Os uniformes, de acordo com o padrão húngaro, eram azul-claros com botões amarelos.

narra [...] os pintores de Worpswede] Rainer Maria Rilke: *Worpswede*. Bielefeld
e Leipzig. O volume ilustrado veio a público em fevereiro de 1903.

13. RILKE A KAPPUS, 23 DE DEZEMBRO DE 1903

não é fácil de carregar] O início dessa carta encontra-se impresso como
fac-símile no catálogo do leilão (p. 150). As palavras cortadas na
versão impressa (1929) foram sublinhadas com a grafia de Rilke.

Rainer Maria Rilke] O último parágrafo encontra-se impresso como fac-
-símile (com lacunas) no catálogo do leilão (p. 150).

14. KAPPUS A RILKE, 29 DE FEVEREIRO DE 1904

naquela mansão silenciosa] O casal Rilke ainda morou nas dependências da
Villa Strohl-Fern até o início de junho de 1904.

15. RILKE A KAPPUS, 14 DE MAIO DE 1904

e martelar dia e noite] O ensaio *Rodin*, de Rilke (1902), já contém a ideia do
desenvolvimento do corpo humano para a arte desde a Antiguidade:
"Dois milênios a mais a vida o tinha segurado nas mãos e o tinha
trabalhado, escutado e martelado, dia e noite". Rainer Maria Rilke:
Auguste Rodin. In: Rainer Maria Rilke, *Werke. Kommentierte Ausgabe.*
[*Obras. Edição comentada*], v. 4, Escritos. Editado por Horst Nalewski.
Frankfurt am Main e Leipzig, 1996, p. 409.

nos países nórdicos] Rilke havia se preparado com leituras para uma visita
à Dinamarca e à Suécia. Em Roma, conheceu o casal de escritores
dinamarqueses Helge Rode (1870-1937) e Edith Nebelong (1879-1956).

16. KAPPUS A RILKE, 14 DE JULHO DE 1904

21º aniversário] Kappus nasceu em 17 de maio de 1883.

parecia tão maravilhoso] Na carta a Clara de 27 de julho de 1904, Rilke fala
do assunto: "Agradecimento pela carta de Kappus. Está sendo difícil

para ele. E isso é apenas o começo. E nisso ele tem razão: na infância, gastamos força demais, força demais dos adultos, e isso talvez valha para toda uma geração. Ou então sempre volta a ser válido para indivíduos. O que dizer diante disso? Que a vida tem infinitas possibilidades de renovação. Sim, mas também o seguinte: que, de certa forma, o gasto de força sempre é também um aumento de força; pois, no fundo, se trata apenas de um círculo amplo: toda força que dispendemos volta sobre nós, experimentada e transformada. É assim na oração. E o que há de efetivamente feito que não seja oração?".

Pozsony, caserna do hospital] A caserna ficava em Josefstadt, não muito longe de onde Kappus morava, na Donaugasse.

17. RILKE A KAPPUS, 12 DE AGOSTO DE 1904

Borgeby Gård] Fazenda em Schonen, onde, por intermédio de Ellen Key, Rilke permaneceu de junho a setembro de 1904 como hóspede de Hanna Larsson e do pintor Ernst Norlind.

histórias de Poe] Supostamente uma alusão à narrativa O poço e o pêndulo (1842).

muito para trás do senhor] "do senhor" em vez de "deles", possivelmente um erro de ortografia ou de tradução, que foi corrigido em algumas edições posteriores. O texto, aqui, não se refere a Kappus, mas às "palavras simples e silenciosas" de Rilke, que o confortam.

18. KAPPUS A RILKE, 27 DE AGOSTO DE 1904

Nádas] Nádas, nome húngaro da pequena comunidade (em alemão: Nadasch, desde 1948 em eslovaco: Trstín) à margem Sudeste dos Cárpatos Menores. O vilarejo situa-se numa antiga rua comercial entre a Hungria e a Boêmia. Naquela época, o local, com dois castelos (a fortaleza do século XVI, de posse da família von Windischgrätz, e o novo castelo do século XVIII, de posse da família Krischker) fazia parte do Comitato de Pressburg, no Reino da Hungria. Provavelmente, Kappus estava em Nádas para exercícios militares.

"Histórias do bom Deus"] Rainer Maria Rilke: *Histórias do bom Deus*. Leipzig [junho], 1904.

Senhor Rilke] Perda do texto devido à furação.

"Cartas que não chegaram até ele"] Elisabeth von Heyking: *Cartas que não chegaram até ele*. Berlim, 1903. No ano anterior, havia sido publicada uma versão prévia do romance epistolar da autora, então ainda anônima, no jornal *Tägliche Rundschau* de Berlim.

O Zaratustra de Nietzsche] Friedrich Nietzsche: *Assim Falou Zaratustra. Um Livro Para Todos e Para Ninguém* (1883-1885). Cf. também Katja Brunkhorst: *"Verwandt-Verwandelt"* [*"Semelhante-Transformado"*]. *Nietzsche's Presence in Rilke*. Munique, 2006.

Trentschin] Naquela época, era cidade-guarnição na parte ocidental da Alta Hungria. Hoje: Trenčín.

Pozsony, Caserna do hospital] Na cidade velha, perto da casa de Kappus, na Donaugasse, n. 38.

19. RILKE A KAPPUS, 4 DE NOVEMBRO DE 1904

Jonsered] De 8 de outubro a 2 de dezembro de 1904, Rilke foi hóspede de James e Lizzie Gibson em sua propriedade, em Göteborg.

Foi publicado na Deutsche Arbeit] Rainer Maria Rilke: "Canção de Amor e Morte do Porta-Estandarte Otto Rilke" (Escrito em 1899). In: *Deutsche Arbeit. Revista mensal da vida intelectual dos alemães na Boêmia*, v. 4, n. 1 (outubro de 1904), p. 59-65.

20. RILKE A KAPPUS, 30 DE AGOSTO DE 1908

30 de agosto de 1908] Após voltar de Capri, de 1º de maio a 31 de agosto Rilke morou no ateliê da pintora Mathilde Vollmoeller, rue

Campagne-Première 17. A partir de 31 de agosto até outubro de 1911, morou em vários apartamentos do Hôtel Biron, rue de Varenne, 77.

O conteúdo não é de todo desconhecido] Gerd Rosen: *Auktion XXI.* [*Leilão XXI*]. *1ª parte: Livros, autógrafos*. Outubro de 1953. Berlim, 1953, p. 158.

21. KAPPUS A RILKE, 25 DE NOVEMBRO DE 1908

Crkvice] Os fortes de Crkvice são parte de um sistema de fortificações construído no início dos anos 1880 para proteger Krivošije, o planalto na parte norte da Baía de Cattaro (Kotor).

Bocche di Cattaro] Baía com ramificações, semelhante a fiordes, desde 1420 sob domínio veneziano, desde 1808 é parte do Reino Habsburguiano da Dalmácia. A capital e fortaleza de Cattaro (hoje: Kotor, em Montenegro) foi um porto de guerra durante o domínio austríaco, próximo à antiga fronteira militar com o Reino Otomano, porto esse protegido por fortes, mas constantemente ameaçado por canhões montenegrinos no monte Lovcen.

Prezadíssimo Senhor Rilke!] Escrito à máquina com papel carbono, assinatura de próprio punho.

nesses dias inquietos] Possivelmente a crise da anexação bósnia no outono de 1908, quando, com a ocupação austríaca da Bósnia-Herzegovina, também aumentaram as tensões com os estados limítrofes Sérvia e Montenegro.

referente aos meus poemas] A argumentação tem certa plausibilidade. É bem verdade que Rilke já tinha feito uma leitura pública em novembro de 1907, na livraria de Hugo Heller, em Viena, no inverno morou em Capri e no início de maio voltou a Paris. Um dia após a carta de Kappus, mudou-se para o Hôtel Biron, na rue de Varenne 77. Quanto ao trabalho implacável, provavelmente está atrelado à finalização da coleção da *Outra parte dos Novos Poemas*, cuja versão definitiva ele tinha enviado em 17 de agosto de 1908 para a editora Insel. A troca de cartas com Kappus, portanto, englobou todo o período da criação dos *Novos Poemas* (1903-1908), enquanto o jovem amigo durante muito tempo conhecia apenas os primeiros poemas de Rilke e por eles se orientava em sua própria criação, e não pelos *Poemas-coisa*. Esse distanciamento também deve ter causado o juízo negativo de Rilke sobre a lírica de Kappus. Este supostamente não queria mais se lembrar daquela discrepância quando foram publicadas as cartas, vinte anos depois, possivelmente querendo descartá-la discretamente.

oficial de novo] Kappus licenciou-se do serviço de 7 de dezembro de 1907 a 18 de setembro de 1908. Depois disso, entrou novamente no Regimento de Infantaria húngaro n. 72. O grupo principal do regimento ficava em Pozsony/Pressburg, o 2º batalhão foi destacado para Crkvice, na Dalmácia.

fronteira com Montenegro] Kappus alistou-se para o trecho mais perigoso, porque esperava poder avançar no conflito militar que se desenhava. Ele foi promovido a Primeiro-Tenente no início de maio de 1909.

sozinho [...] em um forte] O forte ainda tinha algumas construções externas, protegidas com obstáculos de arame farpado. Essas guaritas tinham sido projetadas como proteção contra ataques de milicianos no topo das montanhas e ofereciam uma boa visão da Baía de Cattaro. Cf. Norbert Zsupanek: *K.u.k. Befestigungen, Militärbauten und Anlagen im Raum Cattaro (Kotor)* [*Fortalezas, construções militares e instalações reais e imperiais da região de Cattaro*]. Graz, 2009, p. 114 e 179-184.

Scirocco] Vento quente vindo do Sul.

Bora] Vento de rajada, forte, frio e seco entre Trieste e Montenegro.

22. RILKE A KAPPUS, 26 DE DEZEMBRO DE 1908

como voltaram a ser] Certamente, no verão de 1908 houve um certo mal-
-estar, que talvez tenha condicionado o cessar da troca de cartas. O estranhamento ainda é algo que se insinua.

23. KAPPUS A RILKE, 5 DE JANEIRO DE 1909

Prezadíssimo Senhor Rilke!] escrito à máquina em papel fino, assinatura de próprio punho.

"Trabalhar e não desesperar"] Thomas Carlyle: *Arbeiten und nicht verzweifeln: Auszüge aus seinen Werken*. [*Trabalhar e não desesperar: extratos de suas obras*]. Traduzido para o alemão por Maria Kühn. Düsseldorf e Leipzig, 1902.

e talvez ainda hoje seja] Em um esboço autobiográfico (1921), Kappus escreve: Eu tinha "tudo o que um tenente não deveria ter: dois cachorros, uma máquina de escrever, um relacionamento e dívidas. Com tamanha carga, me vi diante da escolha entre tentar a Escola de Guerra ou arriscar outro jogo de azar. Decidi pelo mais barato e quis me casar. Infelizmente, minha noiva fugiu com seu penúltimo amante e não me deixou nada além de um enfeite de sapato e uma partitura de *Lohengrin* (ela foi uma Elsa incomparável)". Kurt Adel: *Franz Xaver Kappus (1883-1966). Österreichischer Offizier und deutscher Schriftsteller. [Franz Xaver Kappus (1883-1966). Oficial austríaco e escritor alemão.]* Frankfurt am Main, 2006, p. 27.

DEDICATÓRIA EM UM LIVRO[4]

Dura entre asperezas e pedras
Passa-se a caminhada terrena;
Uns, definhando em miséria,
Outros, vencendo escorreitos.

Mas longe das feridas,
Longe do som dos vivas
O poeta abre os braços
E sangra a morte por ambos.

FRANZ XAVER KAPPUS

---

4   Franz Xaver Kappus: Dedicatória em um livro, p. 122. *Von der Heide. Illustrierte Monatsschrift für Kultur und Leben.* Timişoara, ano 13. Fascículo 5 (fevereiro de 1925), p. 10.

POSFÁCIO

Trocar correspondências
ERICH UNGLAUB

Por toda a sua vida, Rilke foi um escritor discreto. Não publicou nenhum de seus diários nem suas correspondências, apenas mandou muito cedo relatos de correspondência para jornais,[1] raramente escreveu cartas públicas,[2] respondeu a enquetes[3] ou assinou declarações.[4] Enquanto

---

1 Cf. Rainer Maria Rilke: Auch ein Münchner Brief. [Também uma carta muniquense] *In: Werke. Kommentierte Ausgabe.* [*Obras. Edição comentada*], v. 4, Schriften [Escritos]. Organizado por Horst Nalewski. Frankfurt am Main e Leipzig, 1996, p. 38-42. O texto foi publicado num suplemento do jornal de Praga *Bohemia*, em 17 de setembro de 1897. Ele trata da vida de arte e teatro em Munique e na frase inicial fala diretamente com o leitor.
2 Cf. Rainer Maria Rilke: Noch ein Wort über den ‚Wert des Monologes' [Ainda uma palavra sobre o "valor do monólogo". [Carta aberta a Rudolf Steiner]. *In: Werke* [*Obras*], v.4, pp. 125-127. (Criado em setembro de 1898).
3 Cf. Rainer Maria Rilke: [aula de religião?]. *In: Werke* [*Obras*], v. 4, p. 585--587. (Criado no verão de 1905).
4 Cf. a conclamação para uma conciliação após a derrota da República dos Conselhos de Munique em maio de 1919, também assinada por Thomas e Heinrich Mann. Cf. Ingeborg Schnack: Rainer Maria Rilke. *Chronik seines*

pessoa privada, aparentemente se recolheu completamente, abdicou de honrarias públicas, expondo a sua pessoa apenas em determinados momentos para leituras públicas em livrarias ou auditórios. Somente quando se tornava forçoso por necessidade material ele se manifestava jornalisticamente. Mesmo as próprias obras antigas eram vistas de forma muito crítica por ele, e ele buscava evitar suas reimpressões. Só muito no final ele concordou com uma edição das obras desejada pelo editor.[5] A pessoa de Rilke desaparece quase inteiramente atrás da imagem do poeta, sendo acessível apenas a um pequeno círculo de amigos pessoais. E mesmo o poeta não era um explicador de suas obras, não era autor de uma poética ou criador de uma estética abrangente. Seus escritos pouco revelam sobre os próprios princípios do poetar e seus intuitos. Mas era lendária a fama de suas cartas aos amigos e, às vezes, a pessoas que mal conhecia. Rilke sabia que nessa "segunda obra" confiava aos destinatários mensagens essenciais, destinadas não apenas a uma pessoa, a uma ocasião específica ou a um dia determinado. A maioria dos destinatários guardava os escritos com esmero – muitas vezes com o objetivo de uma futura publicação.

Lebens und seines Werkes 1875-1926 [Crônica de sua vida e de sua obra 1875-1926]. Reedição ampliada, organizada por Renate Scharffenberg. Frankfurt am Main e Leipzig, 2009, p. 630.

5 Cf. Rilke a Anton Kippenberg, 1º de setembro de 1926. Rainer Maria Rilke: *Briefwechsel mit Anton Kippenberg 1906 bis 1926 [Troca de correspondências com Anton Kippenberg 1906 a 1926].* Organizado por Ingeborg Schnack e Renate Scharffenberg. V. 2. Frankfurt am Main e Leipzig, 1995, p. 427.

*

A coleção *Cartas a um jovem poeta*,⁶ tal como existe de forma impressa desde 1929, nunca existiu como obra informada ao público por parte do poeta. Rilke não tinha mais influência sobre a publicação, os manuscritos originais não eram mais vistos desde um leilão de autógrafos em 20 de outubro de 1953.⁷ Desde então, eles permaneceram desaparecidos, envoltos em mitos.⁸ Postumamente (1929), surgiu a primeira coletânea maior de cartas de Rilke,⁹ inicialmente como complementação à edição das

---

6 Uma grande quantidade de inspirações e interpretações em relação a essa obra pode ser encontrada em: *Analyses & réflexions sur Rilke. Lettres à un jeune poète. L'oeuvre d'art.* Paris, 1993.

7 Para as cartas de Rilke, alcançou-se um preço de venda de 1.850 marcos alemães; na mesma ocasião, a palestra de Hugo von Hofmannsthal, "Der Dichter und diese Zeit" ["O poeta e esta época"], foi adquirida por 2.700 marcos pelo Arquivo Alemão de Literatura de Marbach am Neckar.

8 Em uma homenagem póstuma a Franz Kappus, lemos: "Ele mandou a leilão as cartas de Rilke nos anos duros do pós-guerra, adquiridas então por uma editora de Hamburgo 'provavelmente por encomenda de um americano interessado'". Franz Liebhard: Ein Empfänger von Rilke-Briefen und sein Temesvarer Intermezzo [Um receptor de cartas de Rilke e seu intermezzo de Timişoara]. *In: Neuer Weg* [*Novo caminho*] (24 de dezembro de 1966), p. 4. Uma versão um pouco diferente e ampliada é a seguinte: "Após a Segunda Guerra Mundial, ele [Kappus] mandou as cartas [...] a leilão, em benefício da filha de Rilke, que passava necessidade. Em relação à editora de Hamburgo, Dr. Ernst Hauswedell und Co., provavelmente foram parar em mãos americanas". Franz Liebhard: Der unpathetische Wanderer [O caminhante apatético]. *In: Neue Literatur*, v. 3-4 (1967), p. 78. Dito de forma ainda mais direta por Roxana Nubert: Ansätze zur literarischen Moderne im Banat: Franz Xaver Kappus. *In: Temeswarer Beiträge zur Germanistik* [*Contribuições de Temesvar à germanística*], v. 6 (2008), p. 317-318.

9 Desde cedo, Edmond Jaloux já supunha existirem cerca de 30 mil cartas

obras completas pela editora Insel. Começava, porém, com as cartas de Rilke a Auguste Rodin (impressas em 420 exemplares, Natal de 1927, ed. francesa em 1928). Ainda antes disso, na Páscoa de 1927, foi publicado um caderno com o título *Dem Gedächtnis Rainer Maria Rilkes* [À memória de Rainer Maria Rilke]. Era uma edição da revista interna *Das Inselschiff*, da editora de Leipzig, sendo uma homenagem ao poeta, falecido poucos meses antes. Além das homenagens de autores em sua maioria eminentes (por exemplo, Rudolf Kassner, Eduard Korrodi, Klaus Mann, André Gide), foram publicados, sob o título "*Aus Briefen Rainer Maria Rilkes an einen jungen Dichter*" [Das cartas de Rainer Maria Rilke a um jovem poeta], trechos de quatro cartas de Rilke (Paris, 17 de fevereiro de 1903; Viareggio, 5 de abril de 1903; Roma, 23 de dezembro de 1903; Furuborg, 4 de novembro de 1904). A fama do destinatário não se comparava à de outros autores. De forma discreta, ao final da contribuição, observa-se em letras cursivas (ou seja, como acréscimo da redação) o seguinte: "Estas cartas destinam-se a Franz Xaver Kappus, tenente do exército austríaco".[10] A indicação não dava mais detalhes, pois o exército austríaco havia muito tinha sido dissolvido e o destinatário Franz Xaver

---

de Rilke. Cf. Ernst Heilborn: Von der unterirdischen Literatur [Da literatura subterrânea]. *In: Die Literatur. Monatsschrift für Literaturfreunde*. Ano 32 (setembro de 1929-1930), p. 5.

10 *Das Inselschiff. Eine Zeitschrift für die Freunde des Insel-Verlages* [Das Inselschiff. Uma revista para os amigos da editora Insel]. Ano 17, 1º caderno (abril de 1927), p. 141.

Kappus[11] nesse meio-tempo tinha mudado de emprego: era jornalista e redator em diversos jornais (Timişoara, Belgrado, Budapeste, Viena) e autor de romances de entretenimento, além de editor na editora Ullstein, em Berlim. Esse não era o ambiente em que a obra de Rilke tinha um papel mais relevante. Kappus e Rilke limitaram seus contatos à duração da troca de correspondências. Durante muito tempo ficou a impressão de que eles nunca se conheceram pessoalmente.[12] O relato de uma entrevista tardia enseja outra impressão, pois Kappus foi à palestra de Rilke na noite no dia 8 de novembro de 1907, na livraria vienense Heller, e teria ido com o poeta e seus acompanhantes a um restaurante. "No restaurante, Rilke fez entregar seu cartão de visitas, e o poeta logo veio à sua mesa, para conversar longa e intensamente."[13] Mesmo assim, o contato não pôde se prolongar por muito

---

11 Em relação à biografia, cf. Kurt Adel: *Franz Xaver Kappus (1883-1966). Österreichischer Offizier und deutscher Schriftsteller Franz Xaver Kappus (1883-1966).* [*Franz Xaver Kappus (1883-1966). Oficial austríaco e escritor alemão*]. Frankfurt am Main, 2006. Uma publicação surgida pouco depois na revista da editora Fischer citou a destinatária da carta – que então já não era mais desconhecida – na nota de rodapé: "Elisabeth v. Schmidt-Pauli, Hamburgo". Rainer Maria Rilke: Briefe an eine Freundin [Cartas a uma amiga]. *In: Die Neue Rundschau.* Ano 38, v. 2 (julho de 1927), p. 301.
12 Mesmo biografias posteriores nada conseguiram averiguar a respeito. Cf. Kurt Adel: *Franz Xaver Kappus (1883-1966). Österreichischer Offizier und deutscher Schriftsteller [Franz Xaver Kappus (1883-1966). Oficial austríaco e escritor alemão]*. Frankfurt am Main, 2006, p. 223-27. Cf. também Martina King: *Pilger und Prophet. Heilige Autorschaft bei Rainer Maria Rilke* [*Peregrino e profeta. Autoria sagrada em Rainer Maria Rilke*]. Göttingen, 2009, p. 119 ("nunca se encontraram").
13 U.B.: Korrespondenz mit Rainer Maria Rilke. *In:* [jornal] *Welt am Sonntag.* Edição Berlim. Ano 8, n. 47 (20 de novembro de 1955), p. 17.

tempo, pois houve divergências evidentes. Kappus, desde o início, estava interessado em publicar seus próprios poemas. Havia enviado a Rilke alguns poemas esparsos, mas não recebera nenhum elogio enfático. Talvez o jovem poeta esperasse, no fundo, uma publicação na editora Insel por intermédio de Rilke. Pouco menos de um mês após o encontro em Viena, Kappus enviou uma compilação de poemas à editora de Leipzig. Ele os chamou de "versos que nunca foram publicados em lugar algum e que podem ser considerados amostras de uma coleção para a qual busco uma editora".[14] Kappus não menciona conhecer Rilke em seu texto. No prazo de uma semana chegou a recusa com uma resposta padrão, que possivelmente remonta ao leitor da editora, Adolf Hünich.[15] Isso também pode ter arrefecido os contatos com Rilke. E a nova entrada no serviço de oficial no Sul da Dalmácia e a entrada em uma zona de conflito militar extremo desviavam a atenção da carreira de poeta.[16] Mas Rilke aparentemente ainda manteve uma alternativa aberta por bastante tempo, pois em sua lista anotou o endereço de Kappus (possivelmente 1911-1914): Viena, Taubstummengasse 8. A entrada "Kappus, Franz

---

14 Franz Xaver Kappus à editora Insel, Pozsony, 8 de dezembro de 1904. Klassik Stiftung Weimar. Arquivo Goethe e Schiller.
15 Editora Insel a Franz Xaver Kappus, Leipzig, 13 de dezembro de 1904. Klassik Stiftung Weimar. Arquivo Goethe e Schiller.
16 Cf. a inserção no cenário de crise no limiar da Primeira Guerra Mundial em Christopher Clark: *Die Schlafwandler. Wie Europa in den Ersten Weltkrieg zog* [*Os sonâmbulos. Como a Europa rumou para a Primeira Guerra Mundial*]. Traduzido do inglês [para o alemão] por Norbert Juraschitz. Stuttgart 2012, p. 133-134.

Xaver" ainda aparece na última lista de endereços de Rilke (supostamente iniciada em 1918), mas a linha prevista para o endereço permaneceu vazia.[17] Talvez tenha sido o acaso que levou a um segundo encontro no verão de 1926. Encontraram-se no último ano de vida de Rilke na estação de águas suíça de Ragaz.[18] Em sua correspondência, o poeta não mencionou uma palavra sequer a respeito.

*

Inicialmente não ficou claro de que forma as cartas chegaram à homenagem da editora Insel em 1927, pois o editor tinha abdicado de uma explicação introdutória referente às cartas, e mesmo Franz Kappus não fornecia esclarecimentos a respeito; a impressão ficou sucinta e – mesmo na comunidade literária – não chamou atenção. Apenas um bibliógrafo cuidadoso tinha percebido a importância dos textos no início de 1928: "Após a morte de Rilke, serão conhecidas algumas de suas cartas preciosas escritas a um oficial austríaco, quando este lhe enviou seus poemas

---

17 Esses podem ser indícios de que a troca de correspondência só foi de natureza particular por pouco tempo. Mas a forma epistolar garantia que todo leitor futuro também pudesse se sentir contemplado como "interlocutor". A esse respeito, cf. os comentários críticos de Yves Laroche: Lettres à un jeune poète: l'exemple de Claude Gauvreau. In: Études françaises, 29(3), 1993, p. 126.
18 Cf. Andrei A. Lillin: Răspîntii ale unei cariere literare controversate. In: Rainer Maria Rilke: Scrisori către un tînăr poet. Timişoara, 1977, p. 79.

para avaliação". E escreveu a seguinte observação em um dos excertos:

> eu adoraria continuar citando Rilke sempre, pois a sua carta é a crítica decisiva também das tentativas que encabeçam a minha área: necessidade da escrita; dizer algo como se fosse o primeiro ser humano; sem pobreza no cotidiano e sentir a própria obra como propriedade natural e querida, não se preocupar com o juízo dos de fora...! Justamente para a lírica esta é a postura, a única.[19]

Tanto mais espantoso é o fato de que, meio ano depois, foi publicada a pequena sequência de cartas no início de um caderno da revista *Revue d'Allemagne*.[20] Era decididamente uma posição de destaque, pois se tratava do n. 1 de um novo periódico, cujos editores eram Maurice Boucher e seu secretário Maurice Betz. O *Comité de Direction* fervilhava de nomes de destaque do mundo literário francês e alemão (por exemplo, Félix Bertaux, Ernst Robert Curtius, Jean Giraudoux, Otto Grautoff, Edmond Jaloux, Henri Lichtenberger, Thomas Mann). A revista de periodicidade mensal, portanto, começava o seu impacto com o artigo *Lettres à un jeune poète*. São os mesmos textos (e trechos) impressos anteriormente na editora Insel, agora traduzidos

---

19 Ferdinand Gregori: Lyrik. *In: Die Literatur. Monatsschrift für Literaturfreunde* [*A Literatura. Revista Mensal para Amigos da Literatura*]. Ano 30 (outubro de 1927 – outubro de 1928), p. 210.
20 Rainer Maria Rilke: Lettres à un jeune poète. *In: Revue d'Allemagne et des pays de langue allemande*, n. 1 (novembro de 1927), p. 4-11.

por Maurice Betz. Já na nota de rodapé referente ao título, o leitor recebe a seguinte explicação: "*Les lettres que voici ont été adressées au cours des années 1903 et 1904 à M. Franz Xavier Kappus, lieutenant dans l'armée autrichienne*".[21] Na tradução, trata-se de apenas três cartas,[22] o último texto curto (Furuborg, 4 de novembro de 1904) da Suécia ficou de fora. Percebe-se que a nova revista abria com um texto programático, que deveria fomentar a "*détente que l'on peut maintenant observer dans les relations franco-allemandes*".[23] As cartas de Rilke aqui mostram a recusa a toda e qualquer manifestação política, limitando-se exclusivamente a questões existenciais de um poeta: "*Vous me demandez si vos vers sont bons*".[24] A data mostra que é um questionamento do período pré-guerra, que Rilke respondeu de Paris. No entanto, a atualidade duradoura era questionável, sendo que também não houve ressonância aqui. Pode ter sido por causa do tipo de publicação, que sublinhava mais o caráter de piedade e rememoração, em vez de apresentar uma obra literária até então não publicada.

---

21 É a tradução exata da nota editorial da edição alemã. "Estas cartas aqui foram endereçadas ao longo dos anos de 1903 e 1904 ao Sr. Franz Xaver Kappus, tenente do exército austríaco."
22 A bibliografia em "Hommage à Maurice Betz". Paris, 1949, p. 154, registra abaixo das traduções de Rilke de forma tão misteriosa quanto lacônica: "*trois lettres*" [três cartas].
23 "Distensões que agora podem ser observadas nas relações franco-alemãs." À nos lecteurs [Aos nossos leitores], In: *Revue d'Allemagne*. n. 1 (novembro de 1927), p. 1.
24 "O senhor me pergunta se seus versos são bons."

Mas as edições das cartas de Rilke estavam só começando, a ideia da publicação de cartas em resposta ainda estava distante e a apresentação da troca de correspondências fechadas – não havendo parceiros famosos – mal tinha sido cogitada. Como inserir aqui Franz Xaver Kappus? A prática editorial nos segreda algumas coisas: nenhuma carta a Kappus foi incluída na primeira coletânea das cartas de Rilke, que queria se concentrar principalmente na documentação da criação do romance de "Malte". Os editores explicavam a sua escolha no "Prefácio" (Páscoa de 1929): "Inicialmente, descartamos algumas trocas de correspondência, que depois devem ser publicadas em separado como obras de arte acabadas em si".[25] Em junho de 1929, Kappus assinava a sua "Introdução" às *Cartas a um jovem poeta*, que então acabaram publicadas quase simultaneamente a essa primeira coletânea de cartas de Rilke, tão aguardadas pelo público.[26] A partir da perspectiva

---

25 Rainer Maria Rilke: *Briefe aus den Jahren 1902 bis 1906* [Cartas dos anos de 1902 a 1906]. Organizadas por Ruth Sieber-Rilke e Carl Sieber. Leipzig, 1929, p. 9. Cf. também a indicação de "edições especiais" (p. 11).

26 A obra epistolar ainda desconhecida em seu volume por ocasião da morte de Rilke agora era descoberta: "Agora está sendo feito um trabalho de separação do que é perene com muito critério e tato, uma tarefa perigosa, posto que facilmente pode ser enganosa, mas certamente é tarefa incontornável. Buscam-se grupos organicamente organizados, almeja-se tornar visível a corrente mais longa ou mais curta de uma troca de correspondência como unidade bela com início e fim. E está bem assim. (Um exemplo desse empenho encontra-se no n. 406 da série da Livraria Insel.)". Heinrich Temborius: Rilke als Künstler des Briefs [Rilke como artista da carta]. In: *Die Literatur. Monatsschrift für Literaturfreunde* [*A Literatura. Revista Mensal para Amigos da Literatura*], n. 32 (setembro de 1929 – setembro de 1930), p. 208.

dos primeiros editores das cartas de Rilke, as cartas a Kappus não deveriam ser avaliadas como documentos, mas como "obras de arte acabadas em si". Na edição das cartas arrumada por Kappus, a nota editorial sóbria sobre o destinatário das cartas da *Inselschiff* seria eliminada, dando lugar a uma "Introdução", datada e assinada. O ponto de partida é uma anedota baseada em uma vivência, uma conversa inesperada com um professor sobre Rilke na Academia Militar de Wiener Neustadt. O fascínio por seus poemas, a coincidência pelo fato de o professor de religião Franz Horáček (1851-1909)[27] ter conhecido René Rilke como aluno da Escola de Cadetes de St. Pölten (1886-1890) e a situação de Kappus, que aos vinte anos se encontrava numa encruzilhada, fornecem um cenário tão marcante quanto tenso, fazendo a abertura do livro. Além disso, ao se indicar o tempo logo na primeira frase ("no final do outono de 1902") e com o estabelecimento do eu narrador, sinaliza-se autenticidade, que também se sobrepõe ao tempo do pretérito épico, indicador de ficcionalidade. Só ao final da "Introdução" estabelece-se uma dupla referência na mudança de tempo para o presente: as cartas devem levar – retrospectivamente – a um conhecimento melhor da vida e da obra de Rilke.

---

27 Cf. também Stefan Keppler: Zu einem genetischen Verständniß der Kunst. Rilke und der Religionsunterricht in St. Pölten [Sobre uma compreensão genética da arte. Rilke e o ensino de religião em St. Pölten]. *In: Blätter der Rilke-Gesellschaft* 27/28 (2006/2007), p. 16-23. A partir de 1882, Horaček foi professor na Escola de Cadetes em St. Pölten, e de 1901-1909, na Academia Militar Teresiana, em Wiener Neustadt.

Elas devem ter um efeito ainda no futuro. Elas são "importantes também para muitos que crescem e se formam hoje e amanhã".[28] Portanto, elas se dirigem à geração jovem, e foi um impulso decididamente engajado que levou à edição alemã das *Cartas a um jovem poeta*. No outono de 1929, a editora costumeira de Rilke, a editora Insel, de Leipzig, publicou em livro as cartas a Kappus. A publicação foi precedida por um processo complicado. O agora já estabelecido jornalista Franz Xaver Kappus tinha plena consciência do valor de seu tesouro em forma de manuscritos, e para a impressão entregou à editora apenas cópias para edição, que desde então serviram de base para todas as outras edições. Dez cartas do período entre fevereiro de 1903 e dezembro de 1908 colocavam a recepção dos textos sobre uma base inteiramente nova. Além disso, em sua breve "Introdução", Franz Xaver Kappus dá indícios ao leitor sobre a motivação e a função das cartas de Rilke e da troca de correspondência.

*

A iniciativa tinha partido do oficial sete anos mais jovem, que havia seguido a mesma carreira de cadete determinada também para o jovem Rilke. No entanto, Kappus concluiu com sucesso as duas instituições de cadetes e agora se encontrava na Academia Militar Teresiana, em Wiener Neustadt. Assim como Rilke, como aluno da instituição

---

28 Rainer Maria Rilke: *Briefe an einen jungen Dichter* [*Cartas a um jovem poeta*], p. 7.

militar, ele tinha a intenção de se tornar poeta. Para Kappus, a sintonia em relação aos objetivos foi reforçada a partir do encontro com o padre da Academia, professor Franz Horáček, que tomou nas mãos a coletânea de poemas de Rilke *Mir zur Feier [Para celebrar-me]* (1899), que Kappus estava lendo: "Então, o aluno René Rilke se transformou em poeta".[29] Para o aluno de academia militar que tinha dúvidas em relação à profissão e aos objetivos, essa cena do outono tardio de 1902 era a garantia de que era possível sair daquele ambiente e viver uma vida como poeta. Quem podia apontar o caminho para chegar lá era o modelo que então vivia em Paris. Com as coletâneas *Livro das horas* (criada de 1899-1903, publicada em 1905) e *Livro das imagens* (primeira edição em julho de 1902) e com a chegada dos *Novos poemas* (criados de 1902-1907, publicados em 1907), poeticamente Rilke tinha avançado muito. Desde o encontro com o escultor Auguste Rodin (outono de 1902), ele começou claramente uma nova fase evolutiva, voltada para os *Poemas-coisa*. Uma poética estrita[30] para essa fase seria o contraponto à própria lírica da juventude de Rilke que Kappus havia percebido. A partir dos poemas de Kappus enviados nas cartas, o poeta mais velho deve ter tomado consciência dessa distância; em suas

---

29 Rainer Maria Rilke: *Werke 4 [Obras 4]*, p. 759.
30 Jean-Pierre Bigel empreende a comparação entre as "Cartas" de Rilke e a "Epístola aos Pisões" de Horácio: L'envie d'écrire [A vontade de escrever]. *In: Rilke. Lettres à un jeune poète. Analyses & réflexions sur l'oeuvre d'art*. Paris, 1993, p. 38-41.

respostas, ele evitou um tipo explícito de *art poétique*.[31] Mas o substituto oferecido era muito mais, referindo-se mais fundamentalmente ao fazer poético e artístico.

Cartas e perguntas feitas por Kappus a Rilke não foram acolhidas na edição de 1929, sendo identificáveis apenas a partir das respostas do poeta de Praga. Em uma primeira carta-resposta, Rilke delineia suas possibilidades e intenções, com uma cláusula salvacionista:

> Não consigo me expressar sobre o tipo de seus versos, pois estou muito longe de toda e qualquer intenção crítica. Nada atinge uma obra-de-arte tão pouco quanto palavras críticas: isso acaba sempre em mal-entendidos mais ou menos felizes.[32]

Rilke contorna os termos "poesia" e "literatura", recorrendo ao conceito subordinado "versos", escolhendo a categoria mais alta: "obra-de-arte". Essa expressão é incomum na grafia, mas Rilke muitas vezes expõe partes de substantivos compostos extremamente corriqueiros e os marca com um hífen pouco usual no alemão (cf. *Marien-Leben* [Vida-de-Maria], *Stunden-Buch* [Livro-das-horas]). É o seu recurso para sublinhar que o seu

---

31 Mesmo assim, as *Cartas a um jovem poeta* são consideradas como obra principal. Cf. Marcel Krings: Rilke, Rainer Maria. In: Monika Schmitz-Emans, Uwe Lindemann e Manfred Schmeling (org.): *Poetiken. Autoren – Texte – Begriffe* [Poéticas. Autores – Textos – Conceitos]. Berlim, 2009, p. 341-342.
32 Rainer Maria Rilke: Briefe an einen jungen Dichter [Cartas a um jovem poeta]. In: Rainer Maria Rilke: *Werke 4* [Obras 4], p. 514.

uso das palavras aqui se diferencia da convenção. Sua concepção decidida de "obra-de-arte" tem uma aspiração diferente do uso comum de "obra de arte" pela crítica diária. Ele não sublinha isso apenas elevando a "obra de arte" a uma esfera do Sublime e do Mistério, mas também a libertando da ligação com o tempo de vida do artista, portanto conferindo-lhe valor eterno, clássico e atemporal. É só disso que se trata – o que já é sinalizado na primeira carta – e não de literatura comercial diária, de romances de entretenimento de sucesso ou de versos populares de ocasião. Essa "Nota",[33] que deve ser vista como o prólogo de Rilke para a troca de cartas, coloca o sinal para as suas declarações e avaliações vindouras. Aqui não fala alguém que distribui conselhos robustos para o sucesso de um escritor, mas Rilke estipula condições e as envia ao mundo. São condições sob as quais, no seu entender, a poesia é possível como "obra-de-arte".

Após esclarecer essa intenção, o ingresso usual na vida literária é descartado por completo: a comparação com outros escritores, contatos precoces com redação de jornais, envio para avaliadores das editoras, conselhos de críticos profissionais são o caminho errado para um poeta no intuito de criar uma "obra-de-arte". De forma absolutamente apodíctica, Rilke explica a seu interlocutor:

---

[33] Essa passagem não existia na primeira impressão alemã nem francesa das cartas. Por isso, essa afirmação fundamental deve ter sido subestimada.

O senhor olha para fora e é justamente isso que o senhor não deveria fazer agora. Ninguém pode aconselhá-lo e ajudá-lo, ninguém. Há apenas um meio. Olhe para dentro de si mesmo. Explore a motivação profunda que o impele a escrever, verifique se no ponto mais profundo de seu coração ela estende suas raízes, confesse para si mesmo se o senhor morreria se o impedissem de escrever.[34]

Mostrando a justificativa central da vida artística, Rilke se alia a questões fundamentais da "determinação" para ser poeta. É perceptível que com isso são desativados argumentos válidos na tradição. Fazer poesia – Rilke volta a enfatizar isso – não é um ofício que pode ser aprendido, e o poeta não é um *poeta doctus*.[35] Ele também não recorre ao chamado das Musas ou de Apolo, ambos legitimados pela Antiguidade, para anunciar a fama deles como tarefa do poeta. Também não são citadas intenções didáticas ou motivações morais. Não valem intenções cristãs nem iluministas, políticas ou ideológicas na criação de obras de arte,[36] nem tampouco a filiação a um grupo de autores

---

34 Rainer Maria Rilke: *Werke 4* [*Obras 4*], p. 515.
35 Rilke também vê as grandes vivências formativas com ceticismo, mesmo os grandes monumentos em Roma ele experimenta como "atmosfera sem vida e opaca de museu", exceção feita apenas às águas e aquedutos nos jardins. Mesmo nessa cidade, ele prefere "morar em um quarto silencioso e simples, um antigo terraço suspenso, perdido no fundo de um grande parque, escondido da cidade, de seu ruído e acaso". Cf. Rainer Maria Rilke: *Werke 4* [*Obras 4*], p. 528-529.
36 Em uma nota anônima na última página impressa da edição publicada na RDA pela Livraria Insel (1950), manda-se nesse volume uma mensagem de cunho político-social: "Se fazer poesia significa crescimento, então essas cartas ensinam ao poeta que, além de sua vocação e muitos outros pressupostos,

e poetas. Não, Rilke transfere a legitimação da escrita única e exclusivamente para a pessoa do indivíduo, que se torna uma instância que não pode mais ser enganada. É isso que torna a decisão de ser poeta uma decisão do coração e sua sincera profissão. Autoafirmação aqui é autolegitimação para o poetar como única forma possível de existência, que exclui outras profissões em que se ganha o pão. Para Rilke, a "determinação", porém, não é um mero ato volitivo, mas uma tomada de consciência da própria determinação. E é daí que brota a posição geral diante do jovem poeta lírico Franz Xaver Kappus em busca de conselhos: "Por isso, prezado senhor, não sei lhe dar outro conselho senão este: mergulhar em si e examinar as profundezas de onde brota a sua vida; é em sua fonte que encontrará a resposta para a pergunta sobre se *deve* criar".[37]

*

O programa transmitido nessas cartas ao jovem poeta fecha-se em grande parte diante da tradição estética. Os modelos literários são abordados com extremo ceticismo, como inspiração são enaltecidos apenas a Bíblia, a obra do poeta dinamarquês Jens Peter Jacobsen e Edgar Allan Poe. O escultor Auguste Rodin é marcado como ponto

---

humildade e paciência são as exigências colocadas pela missão social a cada um que tem consciência de sua grandeza".
37 Rainer Maria Rilke: *Werke 4* [*Obras 4*], p. 516.

de fuga artístico. Alerta-se sobre o perigo de usar formas líricas clássicas, bem como de escrever poemas de amor, além de criar motivos comuns e ler textos crítico-estéticos. Desta forma, Rilke esboça um contramodelo com um "voltar-se para dentro".[38] Posição central ocupam o mundo interior e o entorno pessoal do poeta, com suas experiências pessoais, seus próprios pensamentos, sentimentos, seus sonhos e lembranças, especialmente da infância, que é vista como riqueza para o surgimento de poesia. A qualidade desta não dependeria de perfeição, mas de necessidade, que exigia honestidade na representação do entorno, por mais pobre que fosse.

A esse catálogo de exigências são associados elementos que devem influenciar positivamente a criação: solidão, lentidão ao criar, aprendizado da paciência, a vivência consciente de questões existenciais, e não a busca forçada por respostas rápidas e definitivas. Questões delicadas são relativizadas, marginalizadas: religião e cristianismo, erotismo e paixão na literatura (Richard Dehmel), e por fim também a combinação entre profissão burguesa (oficial) e vida de poeta. Com isso, as cartas de Rilke a Kappus não são tanto conselhos em uma situação pessoal de conflito, mas acabam se tornando a modelagem da situação de vida de uma pessoa que se encontra no limiar de uma efetividade séria, ambiciosa, criativa e artística.

Rilke deixa em aberto a escolha do caminho de vida a ser trilhado, não obstante ele deixar clara a alternativa já

---

38 Rainer Maria Rilke: *Werke 4* [*Obras 4*], p. 516.

na primeira carta ao seu destinatário: "Mas, talvez, após essa descida para dentro de si e de sua solidão, o senhor abdique de ser poeta".[39]

O caminho de vida de Kappus mostra que a decisão não foi fácil para ele. A carreira de oficial começou no 72º Regimento de Infantaria Emil Freiherr David von Rhonfeld húngaro em Viena e Pressburg/Pozsony.[40] Interrompida várias vezes, a carreira no exército real e imperial [k.u.k.] o levou a tenente, primeiro-tenente (1909) e capitão (1914) em diversas funções. Nos anos de 1908/1909, ele estava estacionado como oficial na fronteira entre a Dalmácia e Montenegro.[41] Em outubro de 1916, chegou ao alojamento da imprensa de guerra no quartel colegiado de Viena; Rilke trabalhou no arquivo de guerra no mesmo espaço na primeira metade do ano, mas já tinha sido dispensado do serviço militar. Em fevereiro de 1918, Kappus foi aposentado. Após a Primeira Guerra Mundial, foi redator em

---

39 Rainer Maria Rilke: *Werke 4* [*Obras 4*], p. 516-517.
40 A seguinte publicação nos oferece uma imagem bastante ilustrativa do trato militar e social nesse Regimento: *Ein österreichischer General gegen Hitler. Feldmarschallleutnant Alfred Jansa. Erinnerungen* [*Um general austríaco contra Hitler. Tenente-marechal Alfred Jansa. Memórias*]. Baseado em trabalhos preparatórios de Herta e Claude-Maria-Alfred Jansa. Apresentado e editado por Peter Broucek. Viena, Colônia e Weimar, 2011, p. 150-174. Jansa e Kappus tinham a patente de tenente na mesma época naquele Regimento.
41 Cf. *Schematismus für das Kaiserliche und Königliche Heer und für die Kaiserliche und Königliche Kriegsmarine für 1909* [*Esquematização para o Exército Imperial e Real e para a Marinha de Guerra Imperial e Real para o ano de 1909*]. Edição oficial. Viena, 1909, p. 594. Kappus pertencia ao 2º Batalhão do Regimento, do qual uma parte estava estacionada em Crkvice (informação fornecida gentilmente pelo Engenheiro Diplomado Volker Pachauer, Graz).

Belgrado, Viena, Timișoara e Berlim, onde se estabeleceu como autor da editora Ullstein.[42]

*

As fontes de Rilke para sua posição decidida como poeta são verificáveis. A consciência de ser poeta já é perceptível desde os primórdios – até nas atitudes – em Praga. Um *habitus* correspondente (e a confiança incondicional de sua mãe, Phia Rilke) era o que lhe fornecia sustentação, o sucesso externo nem tanto. Suas tentativas frustradas de seguir diferentes estudos universitários comprovam que não lhe é possível uma vida de poeta com conhecimento positivo e diplomas. Não obstante, a leitura extensa, mas eclética, permanece característica dele. Esse caminho formativo, bem como o jornalismo, parece-lhe infrutífero para a sua criação.

Com isso, Rilke rompe com uma poética acadêmica, formalizada e ditada por normas externas. O ponto de partida para um novo enfoque pode ser determinado – além dos elementos biográficos. Com o gesto autoritativo de um Zaratustra, nessas cartas Rilke proclama um ideal que se alinha claramente à filosofia de Friedrich Nietzsche. Seu escrito tardio *Ecce homo* (1889), com o subtítulo

---

[42] A partir de 1932, ele indica como contato seu endereço na editora Ullstein em Berlim. Cf. Kürschners Deutscher Literatur-Kalender auf das Jahr 1932 [Calendário Kürschner de Literatura Alemã para o ano de 1932]. Ano 46. Editado por Gerhard Lüdtke. Berlim e Leipzig, 1932, p. 678. Aqui ele também aparece pela primeira vez como editor de *Cartas a um jovem poeta*, de Rilke (1929).

"Como se tornar o que se é", remonta a Píndaro e seus dizeres "Transforma-te em quem és". A busca de si é vista como missão da configuração de vida, que em Nietzsche não é mais uma busca pelos grandes valores e motivos ("mentiras"), mas pelas "pequenas coisas" do entorno pessoal. Rilke transfere essa postura – que também é de crítica cultural – da esfera dos debates filosóficos para a área da arte e da poética. O poeta, tal como ele o vê, tem o mesmo ponto de partida que o escrito biográfico de Nietzsche havia determinado: o eu precisa experienciar a sua determinação. O método de Rilke é composto de introspecção e clareza absoluta sobre a necessidade da própria criação artística. A isso ele associa a adoção de outro conceito de Nietzsche: *amor fati*. Em seu livro *Gaia ciência* (1882-1887), o "amor pelo destino" é o programa filosófico para uma existência dionisíaca da "afirmação da vida em sua máxima potência". Rilke transforma isso na Poética, na medida em que incumbe o jovem poeta de associar a certeza de sua tarefa a uma correspondente postura e condução de vida que tudo engloba, tal como apresentado no esboço programático de Nietzsche: "Quero aprender sempre mais, ver o necessário nas coisas como sendo o Belo – assim, serei um daqueles que fazem as coisas serem belas".[43] A escolha dos objetos, temas e motivos da poesia acaba sendo de importância menor,

---

43 Friedrich Nietzsche: *Werke in drei Bänden* [*Obras em três volumes*]. Munique, 1954, v. 2, p. 16.

mesmo as formas literárias; o objetivo é a transformação na "obra-de-arte".

Outro elemento da Poética muitas vezes repetido nas cartas é a "solidão" como condição da vida e da criação poéticas. Em uma situação semelhante à de Franz Kappus, anteriormente o poeta Emanuel von Bodman (1901) tinha se dirigido a Rilke, recebendo como diretriz a seguinte resposta:

> Por esse motivo, também deve ser usado como medida para o descarte ou a escolha o seguinte: se se consegue manter vigília na solidão de uma pessoa e se se tem a tendência de colocar essa mesma pessoa diante das portas das próprias profundezas, das quais ela só tomará conhecimento através do que emerge de dentro da grande escuridão em roupagem de festa. Esta é a minha opinião e a minha lei.[44]

Aqui Rilke, a partir de sua própria experiência, estabelece as condições para relacionamentos amorosos e conjugais com poetas. Pouco depois (1903), Ellen Key lhe trouxe o exemplo fascinante de uma união bem-sucedida:

> Além disso, ambos eram tão completamente artistas que compreendiam e respeitavam sua necessidade mútua de solidão, e eram tão carinhosos em seu amor que nenhum

---

[44] Rainer Maria Rilke: *Briefwechsel in zwei Bänden* [*Troca de correspondências em dois volumes*]. Organizado por Horst Nalewski. V. 1. Frankfurt am Main e Leipzig, 1991, p. 99.

deles, fosse pelos seus próprios interesses de poeta, fosse por sua própria necessidade de amor, desperdiçava o tempo e as forças do outro de forma egoísta.[45]

Rilke via a união normalmente problemática entre casamento e fazer poético realizado de forma ideal na vida do casal Elizabeth Barrett Browning e Robert Browning, assim apresentado a ele. Também Franz Xaver Kappus tinha levado o tema do amor e da poesia a ele. A resposta cuidadosa de Rilke contorna o termo "solidão" sem mencionar os modelos britânicos, em cujos rastros também se movimentava o casal de artistas Rilke/Westhoff. Solidão como condição para o surgimento da "obra-de-arte" foi adotada como exigência essencial na Poética de Rilke.

As *Cartas a um jovem poeta* foram publicadas em 1929 pela editora Insel, quase ao mesmo tempo que a primeira edição das obras completas e a primeira coletânea de cartas. Dessa forma, ocupavam a posição privilegiada de serem consideradas como legado do poeta à posteridade. Contribuía para tanto o fato de o volume ser apresentado na coleção popular da Livraria Insel (n. 406), que havia sido aberta em 1912 com o *Cornet* de Rilke.

*

---

45 Ellen Key: *Menschen. Charaktere. Charakterstudien* [*Pessoas. Personagens. Estudos de personagem*]. Traduzido [para o alemão] por Francis Maro. Berlim, 1903, p. 143.

Desde então, o livro é um sucesso literário mundial,⁴⁶ o que também pode ser verificado em uma edição em língua inglesa do livro de n. 1405 da coleção da Livraria Insel.⁴⁷ Em círculos literários e artísticos, as cartas de Rilke a Kappus permaneceram uma obra de referência. O livro de Rilke e seu editor Kappus também ficaram expostos à crítica filológica,⁴⁸ o que, porém, em nada prejudicou o efeito do livro sobre literatos e artistas. Pelo contrário, sua irradiação aumentou; a importância dessas "cartas" permaneceu indiscutível.

*

Poetas, artistas e pessoas criativas que na maioria das vezes estavam em início de carreira se viam como destinatárias, às vezes sem nenhum vínculo com a língua,⁴⁹ o

---

46 Uma listagem apenas das edições do n. 406 da coleção da Livraria Insel mostra o seguinte: Catálogo da coleção [Helmut] Jenne, Livraria Insel. "A mais bonita de todas as coleções." V. 1. [Schriesheim], 2006, p. 224-225, e v. 2, 2008, p. 209 (edição do comércio livreiro do front de 1944).
47 Rainer Maria Rilke: *Letters to a Young Poet. Translated and with an Introduction by Ulrich Baer*. Berlim, 2018.
48 Cf. Christoph Donner: Postface. In: *Rainer Maria Rilke: Lettres à un jeune poète. Traduit par Martin Ziegler*. Paris, 1992, p. 126-127. E mesmo na edição da Pléiade das obras de Rilke, organizada por Claude David, queriam publicar de forma abreviada. Cf. Rainer Maria Rilke: *Œuvres en prose. Récits et essais. Édition publiée sous la direction de Claude David*. Paris, 1993, p. 1195.
49 Cf. também Leo Simoens: Rainer Maria Rilke een eeuw geleden geboren. In: *Vlanderen*. Ano 24 (1975), p. 75: *"Velen in het buitenland en enkelen bij ons hebben Rilke nagevolgd, er wellicht niet aa denkend, dat de dichter en zijzelf een rem waren voor de verdere ontwikkeling van hun eigen dichtkunst en van die van hun land. De Briefe an einen jungen Dichter waren voor zeer velen een brevier: jammer dat*

entorno cultural ou o ofício de Rilke. Nos Estados Unidos, após 1945, parece ter sido criada uma espécie de núcleo de recepção de *Cartas a um jovem poeta*. Atores e atrizes de teatro e cinema que se formaram no *Actors Studio* de Nova York escolheram *Cartas* de Rilke como fundamento mental. Marilyn Monroe, Dennis Hopper, Jane Fonda, Dustin Hoffman apontam para a diretriz no início ou durante a sua formação profissional na academia de atores e atrizes de Paula e Lee Strasberg. A experiência com esse "Rilke" também marcou o desenvolvimento profissional posterior. Dennis Hopper excursionou (até 2008) com um programa de leituras das "cartas de Kappus" pelos palcos da Califórnia e declarou: "*For me the letters are a credo of creativity and a source of inspiration. After reading Rilke it became clear to me that I had no choice in the matter. I had to create*".[50] Ao receber um prêmio (2003), Dustin Hofmann declarou: "*It's my Bible. Someone gave it to me when I started acting. I read it over and over again*".[51] Em sua estreia na direção de *Quartet* (2012), ele integrou a seguinte citação: "*Works of art are of an infinite loneliness*

---

ze zo weinig gevolgt werden!"("Muitos no exterior e alguns aqui em nosso país seguiram Rilke, talvez não considerando que o poeta e eles mesmos eram um freio para a continuidade do desenvolvimento de sua própria arte e da arte de seu país. As *Cartas a um jovem poeta*, para muitos, eram um breviário: que pena que são tão pouco seguidas!").

50 "Para mim, as cartas são um credo de criatividade e uma fonte de inspiração. Depois de ler Rilke, ficou claro para mim que eu não tinha outra escolha. Eu tinha que criar."

51 "É a minha Bíblia. Alguém me deu de presente quando comecei a atuar. E sempre voltei a ler, de novo e de novo."

and nothing can reach them so little as criticism".[52] Com a carta de Rilke, Jane Fonda remeteu à importância dos pais. Mesmo um filme de entretenimento como *Sister Act II* (1993) associa a decisão de uma *showgirl* sobre sua carreira futura ao presente de uma edição de bolso das "cartas de Kappus", e a cantora pop Lady Gaga, em 2009, mandou tatuar um trecho da primeira carta na parte de cima do braço esquerdo, com a justificativa[53] de ser uma adepta da *"philosophy of solitude"* dele, mas não de sua lírica.[54] Ela acha significativa a última frase da citação tatuada: "Preciso escrever?".[55] Em suas apresentações no palco, ela passou a interromper a sequência de músicas e

---

52 "Obras de arte são de uma infinita solidão e nada as torna tão pouco acessíveis quanto a crítica."

53 Foi feita em língua alemã com uma caligrafia pouco semelhante à de Rilke durante a sua turnê pelo Japão (2009). Um breve trecho de Rilke também está no filme *Gagavision 7. Day with Gaga, Part I* (2008), no YouTube. Nele, Gaga fala sobre a ligação entre artista, arte e amor em seguida às *Cartas a um jovem poeta*. Cf. também Kathleen L. Komar: Rainer Maria Rilke. German Speaker, World Author. *In*: Thomas Oliver Beebee (org.): *German Literature as World Literature*. Nova York e Londres, 2014, p. 90.

54 Cf. Moritz von Uslar: 73 Fragen an Lady Gaga, mehr braucht kein Mensch [73 perguntas a Lady Gaga, ninguém precisa de mais que isso]. *In*: *Zeit-Magazin*, n. 41 (29 de setembro de 2016), p. 37: "Talvez eu tenha que explicar: não foram seus poemas, mas foi sua coletânea *Cartas a um jovem poeta* que me tornou uma aficionada de Rilke". Como Lady Gaga fala repetidas vezes que aqui Rilke responde a cartas de vários interlocutores, podemos dizer que se trata de uma leitura mais superficial, mas de uma impressão geral impactante.

55 Em uma entrevista realizada em Berlim, ela explicou o seguinte a esse respeito: "Eu tento sempre me lembrar disso: preciso escrever?, pois fico muito bem quando sinto esse ímpeto de fazer música – e nada mais conta. Acho que isso vale para todos, não importando o que a pessoa faz. Trata-se de usar sua paixão, não ter vergonha do que se é". *Südwest Presse* (9 de setembro de 2016).

ler passagens inteiras direto da edição de bolso como parte da performance,[56] com a seguinte justificativa: *"That's for me!"* [É para mim]. A partir disso, percebe-se que o texto de Rilke, ele próprio, acabou se tornando uma referência para reflexão em meio à "obra de arte" de Lady Gaga. Nesse contexto, "ter que escrever" se tornou uma metáfora para a produção artística criativa em todos os gêneros e para além deles, até a transgressão de fronteiras e normas tradicionais. "Necessidade" entrou no lugar de normas, regras e medidas da arte. Por isso, o tradutor de uma edição inglesa mais recente observou, não deixando de ter razão, na capa das *Letters to a Young Poet*:

> *By now they have become a part of literary folklore, and contain insights which are as profound today as when they were written.*[57]

*

Bem mais discreta é a referência feita pela violinista Anne-Sophie Mutter ao conceito de Rilke, que ela cita e explica: "Este é o cerne. Música é mais do que apenas a apresentação de notas tocadas de modo artístico

---

56 Inúmeras gravações em vídeo no YouTube ilustram o efeito midiático.
57 "Nesse meio-tempo, elas acabaram virando parte do folclore literário e contêm percepções que hoje são tão profundas quanto no dia em que foram escritas." Rainer Maria Rilke: *'Sonnets to Orpheus' with 'Letters to a Young Poet'*, traduzido [para o inglês] por Stephen Cohn. Manchester, 2000.

e perfeito".⁵⁸ Uma dançarina brasileira exigiu: "Todo artista deveria ler esta obra. Ela dá uma força incrível para o que fazemos".⁵⁹

O efeito das *Cartas* também pôde ser verificado em outras profissões, como prova o exemplo do engenheiro civil e inventor do computador moderno, Konrad Zuse. Em 1929, quando era um jovem universitário, ele havia comprado o livro de Rilke. Foi especialmente uma passagem que "lhe deu muito", e cita: "Ninguém pode aconselhá-lo e ajudá-lo, ninguém". Em suas memórias, Konrad Zuse generaliza: "O que é dito aqui sobre o poeta certamente vale para todas as pessoas que atuam criativamente".⁶⁰ Em uma carta (não publicada) de 3 de janeiro de 1932, lemos com contundência ainda maior:

> De resto, minha postura diante da arte experimentou uma transformação profunda a partir do meu aprofundamento em Rainer Maria Rilke. O que ele diz sobre a arte em seu livro *Cartas a um jovem poeta* e em outros escritos está muito acima de tudo o que se diz sobre arte. [...] Rilke entendeu a sina do verdadeiro artista como nenhum outro. Ele sabe que apenas [lacuna no texto] e concentração no

---

58 Volker Blech: Interview. Anne-Sophie Mutter hält nichts von sinnlosem Üben [Entrevista. Anne-Sophie Mutter acha inútil fazer exercícios sem sentido]. *In: Berliner Morgenpost* (3 de julho de 2012).

59 Sema Kouschkerian: Marlúcia do Amaral – eine Tänzerin glaubt an die große Liebe [Marlúcia do Amaral – uma dançarina acredita no grande amor]. *In: Westdeutsche Zeitung* (29 de dezembro de 2014).

60 Konrad Zuse: *der Computer, mein Lebenswerk* [*Konrad Zuse: o computador, a minha obra de vida*]. Munique, 1970, p. 30.

trabalho, aprofundamento e desenvolvimento são o principal. Trabalho e, de novo, trabalho.[61]

Ele transfere esse princípio também para o seu trabalho artístico de pintura e técnico: "Eu trabalho de forma completamente autônoma e não me deixo influenciar por ninguém. Tenho certeza de que esse é o caminho certo". O caminho não o levou à inicialmente sonhada arte da pintura moderna, mas à inovação na tecnologia com a qual hoje todos convivemos com a maior naturalidade.

*

Aqui se reconhece – como acontece com a maioria dos leitores do livro – uma narrativa especial. As *Cartas a um jovem poeta* de Rilke não são lidas em primeira instância como parte de uma obra puramente poética. Pois esses leitores muitas vezes não conhecem os poemas de Rilke, ou então eles ficam em segundo plano. Muito pelo contrário: frequentemente o livro cai nas mãos desses leitores por acaso, sendo recomendado por conhecidos ou dado de presente. A leitura, em que a primeira carta traz uma impressão especial, coloca em movimento um processo que ainda reforça as características de um culto de

---

61 Deutsches Museum, Munique. Espólio de Zuse 141/4. Carta de Zuse a seu antigo professor de desenho Artur Bracki, 3 de janeiro de 1932. Cf. também o comentário em: Wilhem Füßl (org.): *100 Jahre Konrad Zuse. Einblicke in den Nachlass* [100 anos de Konrad Zuse. Vislumbres em seu espólio]. Munique, 2010, p. 75-76.

iniciação: leitores de tempos, línguas, culturas e interesses diferentes se veem direta e pessoalmente abordados por Rilke e Kappus e entendidos em seu momento de vida,[62] impressionados com a forma de expressão e a mensagem de Rilke e fortalecidos na busca de decisões quanto à própria vocação. Mas a vocação não acontece por meio de uma instância externa ou uma ideologia, mas através da autointerrogação do próprio coração. A introdução de Franz Xaver Kappus e os textos de Rilke na primeira edição passam a impressão de que os parceiros correspondentes nunca se encontraram pessoalmente, de que somente a correspondência tenha sustentado a relação e a mantido ao longo dos anos e de que nenhuma irritação tenha surgido pela intromissão das figuras, nenhum clima de constrangimento causado por um encontro tenha influenciado ou mesmo atrapalhado a conversa incorpórea dos escribas. Tudo isso também criou um mito, que contém uma mensagem. A sequência reconhecível através dos testemunhos é uma *imitatio* do modelo de Rilke para a arte criativa e um correspondente princípio de vida rigoroso, que ao mesmo tempo é propagado com a "obra-de-arte" daí resultante. Assim, a repercussão das cartas de Rilke se desenvolve em "círculos crescentes". No entanto, é fato que essa ressonância muitas vezes só é perceptível em artistas "jovens", ainda inseguros quanto ao seu

---

62 Quanto à recepção de *Cartas a um jovem poeta* por uma geração mais jovem de leitores, cf. Gerald Stieg: Rilke in Frankreich [Rilke na França]. In: *Mitteilungen aus dem Brenner-Archiv* [*Informes do Arquivo Brenner*], n. 17 (1998), p. 10.

caminho.⁶³ Quem já tinha se "encontrado" como poeta e desenvolvido a sua própria poética, vendo ressonância positiva com seu trabalho, tinha mais facilidade em se esquivar da magia dessas cartas de Rilke. O dramaturgo austríaco Arthur Schnitzler, que também conhecia Rilke pessoalmente, muito cedo já tinha em mãos a primeira edição do livro e anotou em seu diário, no dia 14 de janeiro de 1930: "belo, profundo; – e mesmo assim – temos que dizer que... 'de alguma forma' – um tremendo palavrório".⁶⁴ O autor estabelecido não se impressionava mais com os conselhos de Rilke.

*

A grande narrativa das *Cartas a um jovem poeta* de Rilke criada por Franz Xaver Kappus é uma construção que tem seu encanto duradouro e não destruído pela análise do texto nem de seu contexto real. Evidentemente, ao conhecermos esses contextos específicos, os contornos

---

63 Cf. a avaliação psicológica: O "Rilke de 29 anos expressa uma impressionante profundidade de percepção das fontes do medo e da depressão humanos. Também não acho ser um acaso Rilke se dirigir a uma imagem especular, um 'jovem poeta', com esses argumentos ao mesmo tempo realistas e consoladores. Quem consegue argumentar de forma tão bela e precisa contra uma depressão, quem escreve textos que hoje poderíamos acolher sem restrições nos manuais de terapia cognitiva, certamente dispõe de consideráveis potenciais de autocura". Wolfgang Schmidbauer: Rilke, Krankheit und Dichtung [Rilke, doença e poesia]. *In: Blätter der Rilke-Gesellschaft*, 31 (2012), p. 76.
64 Arthur Schnitzler: *Tagebuch 1927-1930* [*Diário 1927-1930*]. Viena, 1997, p. 307.

da obra criada ficam mais evidentes. A análise do texto do livro é um dos componentes. Ainda há outros fatores.

Na edição do livro de 1929, o editor Franz Xaver Kappus apresentou apenas dez cartas de Rilke. De forma não verbalizada por ele, estas deveriam transmitir a mensagem do autor. Apenas alguns poucos escritos, irrelevantes e fugidios, seguiram-se às cartas. As notícias hoje ainda disponíveis sobre os manuscritos das cartas de Rilke modificam o quadro. Os manuscritos chegaram à Casa de Leilões Gerd Rosen em Berlim e foram leiloados em outubro de 1953. O catálogo impresso do leilão contém um ensaio de página inteira sobre a importância dos autógrafos, alguns trechos das cartas em versão fac-símile, bem como indicações mais precisas sobre o lote oferecido, que foi a pregão sob o nº 1397. Daí se deduz que se tratava dos "originais das 10 *Cartas a um jovem poeta*, acrescidas de uma décima primeira não publicada". Esta última data de Paris, 30 de agosto de 1908, e seu conteúdo é descrito de forma resumida. A casa de leilões tinha verificado os manuscritos e os comparado à versão impressa da Livraria Insel n. 406, tendo chegado ao seguinte resultado: "Como mostra a comparação, o texto das cartas foi reproduzido fiel e literalmente na publicação. À exceção de indicações mais detalhadas de Rilke sobre o local em que se encontrava em determinado momento e 5 pós-escritos de conteúdo irrelevante". Uma intervenção grave se deu na carta de Rilke de agosto de 1904, "um trecho de 13 linhas que o jovem [?!] Kappus queria ver fora da publicação. Rilke se dedica com infinita sensibilidade à confissão de um deslize juvenil e pede a Kappus que não julgue a si próprio".⁶⁵ Desde a venda do material de propriedade de Kappus, os manuscritos não são mais acessíveis.

Curiosamente, porém, isso não suscitou o interesse pelas cartas-resposta. A retirada de cena de sua própria pessoa, encenada por Kappus, assumindo o papel humilde de fornecedor de deixas para o grande poeta Rilke parecia evidente.⁶⁶ Isso também fez com que se criasse uma lenda, que se manteve: Kappus não conseguiu realizar a vocação de poeta exigida por Rilke, e por isso as suas cartas ao grande poeta não podiam "sobreviver" publicamente.⁶⁷

Mas, das cartas de Franz Xaver Kappus, 11 foram preservadas no Arquivo Rilke e, como anexo, uma folha com poemas, bem como a impressão de um artigo de suplemento cultural. Elas estão sendo publicadas aqui pela primeira vez. Mas falta a primeira carta de Kappus a Rilke; em compensação, se uniram duas cartas (escritas à máquina) à correspondência até então existente. Estas mostram de forma mais clara do que antes o arrefecimento da relação.

---

65 Gerd Rosen: *Auktion XXI 1. Teil: Bücher, Autographen* [*Leilão XXI, 1ª parte: Livros, autógrafos*]. Outubro de 1953. Berlim, 1953, p. 157.
66 Martina King: *Pilger und Prophet. Heilige Autorschaft bei Rainer Maria Rilke* [*Peregrino e profeta. Autoria sagrada em Rainer Maria Rilke*]. Göttingen, 2009. Nessa análise a autora reduz Kappus ao papel de "adepto" (p. 119), bem como de oficial literariamente inexperiente "e escritor diletante" (p. 144, de forma semelhante: p. 181, 197 e 200). Rilke, por sua vez, através dos elementos da pobreza e da solidão do *Livro-das-horas*, reproduzia de si mesmo a "imagem postumamente consolidada do poeta sagrado-monástico" (p. 201).
67 "Kappus's letters did not survive." Ulrich Baer: Introduction. *In: Rainer Maria Rilke: Letters to a Young Poet. Translated and with an Introduction by Ulrich Baer*, Berlim, 2018, p. 8.

O confronto das partes da correspondência evidencia que as cartas do jovem poeta Kappus inicialmente eram a tentativa de se associar a uma pessoa da vida literária.

Cartas a escritores, primeiros contatos com redações de revistas, envio de manuscritos a avaliadores de editoras, o pedido de conselhos de críticos profissionais: foi esse o caminho trilhado por Kappus, que também enviou as obras criadas na Academia Militar paralelamente ao serviço a outras pessoas para avaliação. Retrospectivamente, escreve:

> É claro que ao longo de todo o tempo eu tinha "atividade" literária, em parte porque meu gênio me impelia, em parte para irritar meus superiores. Dessa forma, surgiram poemas que ninguém quis publicar, bem como textos humorísticos militares. Aquilo que foi publicado no *Zeit* e no *Muskete* [...] me trouxe honras e casos amorosos honrosos, e fez balançar meu cargo de tenente.[68]

As experiências brutalmente desencorajadoras de poeta lírico no âmbito da Academia Militar foram trabalhadas na narrativa *Dem Ruhm entgegen [Em direção à fama]*. Nela, o superior descobre o envelope endereçado à revista de Stuttgart *Über Land und Meer* e comenta com ironia e "aparentemente surpreso":

---

68 Citado a partir de: Franz Xaver Kappus: *Der Wunderleutnant. Satirisch--humoristische Kurzerzählungen aus dem k. und k. Militärleben* [*O incrível tenente. Narrativas curtas satírico-humorísticas da vida militar imperial e real*]. Seleção e posfácio de Heinz Stănescu. Bucareste, 1971, p. 110-111 (Posfácio).

O senhor poderia executar esse sofrível rabisco versificado em outro momento, se absolutamente não puder deixar de fazê-lo. Aliás, está mais do que na hora de o senhor aprender a reconhecer que com esse jogo de rimas bobo o senhor não vai longe, seu aprendiz de poeta mal-acabado, isso sim.[69]

Supostamente, Kappus relatou algo a respeito desses e de outros acontecimentos semelhantes na Academia Militar, mas também no convívio com redações em sua primeira carta a Rilke. Mas logo as cartas de Kappus adotaram um tom muito pessoal, privado e até íntimo. Do ponto de vista linguístico, estão longe de estar à altura das respostas de Rilke, que devem ser entendidas como princípios. Dessa forma, parece plenamente compreensível que o autor berlinense esperto, numa distância de mais de vinte anos de suas próprias cartas juvenis, cujo caráter confessional é inegável, não quisesse vê-las publicadas. Para o leitor de hoje, a troca de correspondências que foi preservada na íntegra não revela tanto o lado privado do jovem oficial questionador da ponta Sul da Monarquia do Danúbio, mas as duas partes da troca de cartas em sua interação esclarecem agora com muito mais força os problemas da existência como poeta, que Kappus aborda muito diretamente e Rilke trata de modo muito refletido. A esse respeito, Hans Mokka resgata uma anedota de Timișoara:

---

69 Franz Xaver Kappus: *Der Wunderleutnant* [*O incrível tenente*], p. 6.

Toda quinta-feira, um grupo de pessoas se reunia no Café Palace,[70] cujo personagem central era o falante e excelente Kappus. Numa dessas ocasiões, uma conhecida "consumidora de cultura" da cidade – como Kappus a chamava – perguntou: "Senhor Kappus, por que Rilke respondeu ao senhor, um desconhecido?".

"Eu acho que foi porque, naquela época, Rilke se encontrava num momento em que precisava muito comunicar suas ideias sobre a arte de fazer poesia. O homem criativo às vezes tem períodos em que tudo nele pede que se expresse. Pense na canção do pássaro ou no dente-de-leão na primavera..."

A roda ficou em silêncio. Kappus ficou sentado olhando fixamente para o nada. Por muito tempo, muito tempo. E, com voz baixa, continuou: "O destinatário ficou mais conhecido pelas cartas de Rilke do que por aquilo que ele mesmo escreveu".[71]

Talvez, nessa troca desigual, Rilke nem sempre tenha sido apenas o dadivoso. Os poemas eminentemente convencionais de Kappus podem tê-lo impressionado menos, mas o artigo do suplemento literário enviado a ele sobre a noite de Ano-Novo de 1909 não foi apenas uma comprovação das qualidades literárias do jornalista Kappus,[72] que con-

---

70 Naquela época, no Palais Dauerbach, um prédio na Piața Victoriei.
71 Hans Mokka: Franz Xaver Kappus's Temesvarer Anekdoten [As anedotas de Timişoara de autoria de Franz Xaver Kappus]. *In: Südostdeutsche Vierteljahresblätter*, 32 (1983), p. 193-194.
72 O status de escritor reconhecido ficou evidente no registro em uma obra

seguia unir representação intensa da natureza, posição política e leveza satírica: a descrição da tempestade de inverno nas rochas da Dalmácia poderia muito bem ser um preâmbulo da atmosfera criada para o surgimento da Primeira Elegia de Duíno.

---

de consulta tradicional. "Kappus, Franz X. (Ps. Luzifer), Primeiro-tenente do Exército Imperial e real no 72º Regimento da inf. em Pozsony, Hungr.", entrada registrada em *"Kürschners Deutscher Literatur-Kalender auf das Jahr 1911" [Calendário Kürschner de Literatura Alemã do ano de 1911]*. Leipzig, 1911, p. 806-807. Rilke já estava representado na edição do ano de 1897.

NOTA DA EDIÇÃO ALEMÃ

As cartas de Rainer Maria Rilke a Franz Xaver Kappus foram aqui reproduzidas fielmente a partir da edição (1929) da Editora Insel.

Complementarmente, foram usados textos do catálogo do leilão da casa Gerd Rosen (outubro de 1953).

As cartas de Franz Xaver Kappus a Rainer Maria Rilke seguem os originais preservados no Arquivo Rilke em Gernsbach quanto à ortografia e à pontuação.

Um agradecimento especial pelas informações importantes dirige-se à senhora Hella Sieber-Rilke.

SOBRE A TRANSITORIEDADE[73]

SIGMUND FREUD

Há algum tempo, em companhia de um amigo taciturno e de um poeta jovem[74] e já bastante famoso, fiz um passeio em meio a uma paisagem de verão em flor. O poeta admirou a beleza da natureza à nossa volta, mas sem se alegrar com ela. Incomodava-o a ideia de que toda aquela beleza estivesse destinada a fenecer, que no inverno ela teria desaparecido, bem como toda a beleza humana e todo o belo e nobre já criado por homens e o que ainda poderiam criar. Tudo o que ele até então teria amado e admirado pareceu-lhe desvalorizado pelo destino da transitoriedade ao qual estava fadado.

---

73 Disponível em Projeto Gutenberg: https://www.gutenberg.org/ebooks/29514.
74 Esse "jovem poeta", em passeio com o já considerado "mestre" Freud, era Rainer Maria Rilke.

Sabemos que duas moções anímicas diferentes podem partir desse mergulho na decadência de todo o belo e perfeito. Uma delas leva ao doloroso cansaço diante do mundo por parte do poeta, e a outra leva à revolta contra a factualidade afirmada. Não, é impossível que todas as maravilhas da natureza e da arte, do nosso mundo sensível e do mundo lá fora, realmente tenham que se desfazer em nada. Seria demasiado sem sentido e ultrajante acreditar nisso. De alguma forma, eles precisam poder continuar existindo, apartados de todas as influências destruidoras.

Somente essa exigência de eternidade evidencia de forma clara demais um sucesso de nossa vida de desejo, antes de poder reivindicar o direito a um valor de realidade. Mesmo o doloroso pode ser verdadeiro. Não pude me decidir nem a negar a transitoriedade geral nem a forçar uma exceção para o belo e o perfeito. Mas contestei diante do poeta que a transitoriedade do belo trouxesse consigo uma desvalorização dele.

Pelo contrário, é uma valorização! O valor da transitoriedade é um valor de raridade no tempo. A limitação na possibilidade da fruição aumenta a sua preciosidade. Declarei ser incompreensível a ideia de que a transitoriedade do belo turvasse nossa alegria diante dele. Quanto à beleza da natureza, após cada destruição pelo inverno, ela retorna no ano seguinte, e esse retorno, se comparado à duração da nossa vida, pode ser considerado eterno. Vemos esvair-se para sempre a beleza do corpo humano e do rosto no escopo de nossa própria vida, mas essa brevidade acrescenta uma nova graça às outras já existentes. Se existe uma flor que desabrocha apenas por uma única noite, ela não nos parecerá menos esplendorosa por isso. Também não conseguia entender como a beleza e a perfeição da obra de arte e do trabalho intelectual pudessem ser desvalorizadas por sua limitação temporal. Talvez venha um tempo em que as imagens e as estátuas que hoje admiramos tenham decaído, ou uma raça humana após a nossa, que não entenda mais as obras de nossos poetas e pensadores, ou mesmo uma época geológica em que tudo que é vivente na terra tenha emudecido; o valor de todo esse belo e perfeito é definido apenas por sua importância para a nossa vida sensível, não precisando sobreviver a ela e, portanto, sendo independente da duração absoluta do tempo.

Considerei essas ponderações indiscutíveis, mas percebi que não tinha impressionado nem o poeta nem o amigo. A partir desse fracasso, concluí que houve a intromissão de um momento afetivo forte que obscurecia seu julgamento, e acreditava tê-lo encontrado também mais adiante. Deve ter sido a revolta anímica contra o luto que, para eles, desvalorizava a sua fruição do belo. A concepção de que esse belo fosse transitório deu aos dois sensíveis um gosto prévio do luto pelo seu ocaso, e como a alma instintivamente recua diante de tudo que é doloroso, ambos sentiram a sua fruição do belo prejudicada pela ideia de sua transitoriedade.

O luto por algo que amamos ou admiramos parece tão natural ao leigo que ele o declara como óbvio. Mas, para o psicólogo, o luto é um grande mistério, um daqueles fenômenos que não esclarecemos nós mesmos, mas em que julgamos estar a origem de tudo que é obscuro. Imaginamos ter certa medida de capacidade de amar, chamada de libido, que nos primórdios do desenvolvimento tinha se voltado para o próprio Eu. Mais tarde, na verdade desde cedo, afasta-se do Eu e se volta para os objetos, que assim, de certa forma, incorporamos ao nosso Eu. Se os objetos são destruídos ou se os perdemos, nossa capacidade de amar (a libido) volta a se libertar. Ela pode tomar outros objetos como substitutos ou temporariamente voltar ao Eu. Mas por que esse descolamento da libido de seus objetos deva ser um processo tão doloroso é o que não entendemos, e atualmente não podemos deduzir a partir de nenhuma suposição. Vemos apenas que a libido se agarra a seus objetos e também não quer largar dos que perdeu, mesmo que um substituto esteja ali disponível. Ou seja, isso é o luto.

A conversa com o poeta foi no verão antes da guerra. Um ano depois, irrompeu a guerra e roubou as belezas de que dispunha o mundo. Ela não apenas destruiu a beleza das terras que atravessou e as obras que tangenciou em seu caminho, mas também quebrou o orgulho que tínhamos das conquistas de nossa civilização, quebrou nosso respeito por tantos pensadores e artistas, nossas esperanças de uma superação definitiva das diferenças entre povos e raças. Ela poluiu a imparcialidade sublime da nossa ciência, expôs a nudez de nossa vida pulsional, despertou os maus espíritos em nós que julgávamos domados para sempre ao longo de séculos de educação por parte dos nossos mais nobres. Fez com que nossa pátria voltasse a se apequenar e a outra terra voltasse a ficar distante e ampla. Ela nos roubou tantas coisas que amávamos e nos mostrou a fragilidade de tantas coisas que julgávamos eternas.

Não causa espanto, então, que a nossa libido tão empobrecida de objetos tenha ocupado com intensidade ainda maior aquilo que nos restou, que tenham se intensificado bruscamente o amor pela pátria, a delicadeza para com o próximo e o orgulho de nossas semelhanças. Mas aqueles outros bens, agora perdidos, será que realmente foram desvalorizados por terem se mostrado tão frágeis e incapazes de resistir? A muitos de nós parece ser assim, mas creio não ser justa essa avaliação. Acredito que aqueles que assim pensam e parecem dispostos a uma renúncia permanente, por não se sustentar mais o que era valioso, estejam vivendo apenas o luto pelo que foi perdido. Sabemos que, por mais doloroso que seja o luto, ele passa espontaneamente. Se ele abdicou de tudo que se perdeu, também consumiu a si próprio; dessa forma, a nossa libido volta a ser livre para substituir os objetos perdidos por novos e, se possível, igualmente ou mais valiosos, desde que ainda estejamos jovens e com força vital. Basta esperar que não seja diferente com as perdas desta guerra. Uma vez superado o luto, ficará evidente que a nossa valorização dos bens culturais não sofreu com a experiência de sua fragilidade. Iremos reconstruir tudo o que a guerra destruiu, talvez sobre um solo mais firme e de forma mais duradoura que antes.

VIENA, NOVEMBRO DE 1915

**Acreditamos
nos livros**

Este livro foi composto em Magneta e impresso
pela Gráfica Santa Marta para a Editora Planeta
do Brasil em abril de 2025.